KB237612

시대를 아는 힘

시대를 아는 힘

시대를 아는 힘

2015년 2월 1일 1판 1쇄발행
2015년 6월 1일 1판 2쇄발행
지은이 | 서 창 권
발행인 | 김 수 곤
발행처 | 도서출판 선교햇불(ccm2u)
　　　　　전화: (02) 2203-2739
　　　　　팩스: (02) 2203-2738
등록일 | 1999년 9월 21일 제54호
등록주소 | 서울시 송파구 삼전동 103번지
홈페이지 | www.ccm2u.com

출판기획 | 시카고 한인교회 출판위원회
책임편집 | 장은주
표지디자인 | 이병대
해외보급 | 시카고 한인교회 선교위원회
　　　　　전화 | 1-847-359-1522
　　　　　팩스 | 1-847-359-1523
주소 | 1500 W. Algonquin Rd.,
　　　　Hoffman Estates, IL 60192 USA
홈페이지 | www.kcclove.org

ISBN 978-89-5546-315 03230
정가 12,000원

시대를 아는 힘

시카고한인교회 **서창권 목사**

지혜로부터 얻는 분별력

Frank A. James 박사

(비블리칼신학대학원 총장)

서창권 목사님은 이 책을 통해 현대 기독교인들이 당면하고 있는 중요한 영적 과제 중 하나를 다루고 있습니다. 사실, 예수 그리스도를 따르는 사람들에게 하나님의 뜻을 분별하는 것처럼 힘든 과제는 없습니다. 우리는 누구나, 심지어 신학교 총장일지라도, 배우자나 직업 또는 학교를 결정하는 일이나 재정에 관한 결정, 또는 인생의 갈림길에서 크고 작은 선택을 할 때 끊임없이 하나님의 뜻을 분별하려고 합니다.

이 책에서 서 목사님은 소명을 아는 힘, 사람을 아는 힘, 공간과 시간을 아는 힘으로 나누어 영적 분별력에 대해 현실적이고 깊은 고찰을 우리에게 선사하고 있습니다. 이 영적 분별력은, 끊임없이 복잡하게 변하는 혼돈의 시대를 사는 기독교인의 신앙생활에 귀중한 역할을 합니다.

영적 분별력을 갖는다는 것은 우리에게 주어진 과제입니다. 참된 분별력은 간단한 공식이나 영감 같은 것을 통해서 명확한 답을 주는 것이 아닙니다. 그것은 미묘하고 더 깊은 믿음을 요구합니다.

참된 분별력은 본질적으로 두 가지 조건을 항상 필요로 합니다. 첫째는, 성령님과 호흡을 맞추어야 한다는 것입니다. 예수님께서는 제자들에게 말씀하시기를 하나님 아버지께서 "진리의 영을" 보내 주신다고 하셨습니다 (요 14:16-17). 분별력을 가진다는 의미는 성령님께 의지한다는 뜻이며, 이러한 능력은 성령의 인도하심 또는 그 세밀한 음성에 주의를 기울일 때 얻을 수 있는 것입니다. 저는 친구들이나 동료들에게 B. B. Warfield 박사가 "성령님께서 요한 캘빈의 신학체계를 완성하는데 중요한 몫을 하셨기에 캘빈을 '성령 신학자'라고 부르는 사실"을 끊임없이 상기시키곤 합니다. 성령님의 역사가 우리의 신앙생활에 얼마나 중요한가 하는 것은 아무리 강조해도 지나침이 없는데, 서 목사님은 그것을 잘 설명해주고 있습니다.

두 번째는 지혜입니다. 이 지혜라는 개념은 성경에 바탕을 둔 기독교신앙의 핵심입니다. 예수님을 따르는 것은 지혜로운 일입니다. 그리고 성령의 음성을 듣는 것은 지혜로운 일입니다. 또한 우리의 인생과 사역의 방향을 결정하는 일에 하나님의 음성을 듣는 것은 지혜로운 일입니다.

잠언 3장 14절에서 "이는 지혜를 얻는 것이 은을 얻는 것보다 낫고 그 이익이 정금보다 나음이니라"고 했습니다. 지혜로운 사람은 하나님의 말씀 안에 살며 말씀을 완전히 소화하는 가운데 지혜로부터 분별력을 얻는 것입니다.

나의 귀한 동역자, 서창권 목사님은 우리 삶에 가장 귀한 자료를 선물했습니다. 《시대를 아는 힘》을 읽으며, 여러분은 마음과 생각이 밝아지고 격려를 받게 될 것을 믿어 의심치 않습니다.

Forward

Dr. Frank A. James III, DPhil, PhD

President | Professor of Historical Theology, Biblical Theological Seminary

Rev. Chang Suh has tackled one of the more important spiritual issues facing Christians today. Indeed, I would argue there is no issue more challenging for followers of Jesus Christ than discerning God's will for our lives. All of us, including presidents of seminaries, are constantly seeking to discern God's will for choosing a spouse, a career, a school, where to spend money, or any other choice, large or small, whenever there are two or more paths open to us and we have to choose.

But there is still more. Rev. Suh gives us a practical but in depth analysis of discernment which includes discerning God's call to ministry, discerning people and discerning the generations. This is quite valuable for Christians as they live out the Christian faith in an increasingly complicated and confusing world.

Certainly, this is an on-going challenge for all of us. True discernment is not a simple formula or some kind of incantation we can offer up that will automatically give us absolute clarity. Discernment is usually much more subtle and requires more faith.

True discernment will always contain two indispensible

requirements. First, it must be in step with the Holy Spirit. Jesus told his disciples that the Father will send you the "Spirit of Truth." (John 14:16–17). Discernment means that we must rely on the Holy Spirit and this reliance will entail attentiveness to the leading or the "prompting" of the Spirit of God in our lives. I never grow weary of reminding my friends and colleagues that B.B. Warfield described Calvin as "the theologian of the Holy Spirit" precisely because the Spirit plays a constitutive role in his theological system. Never enough is said about the Holy Spirit but Rev. Suh helps correct this gap in our spiritual lives.

The second indispensible element in true discernment is wisdom. In many ways this notion of wisdom gets near to the heart of Biblical Christianity. It is wise to follow Christ; it is wise to listen to the Spirit; it is wise to hear God's call on our life and ministry. In Proverbs wisdom "is more profitable than silver and yields better returns than gold."(Proverbs 3:14). The wise person will engage and thoroughly digest the Word of God so that wisdom will inform discernment.

My friend Rev. Suh has provided a most valuable resource. I trust that in reading The Power of Discerning the Generations, your heart and mind will be illumined and encouraged.

이 시대 그리스도인에게 꼭 필요한 영적분별력

이찬수 목사

(분당우리교회 담임목사)

2013년도에 시카고지역 교회협의회가 주관한 부흥성회에서 말씀을 전한 적이 있습니다. 그 때 회장으로 섬기시던 저자 서창권 목사님과 만나 교제를 나눌 기회가 있었는데, 목사님의 순수하고 열정적인 모습이 인상적이었습니다.

그 이후에 들어보니까 시카고에서 다년간 선교회를 이끄시는 등 선교에 혼신의 노력을 부으시는 귀한 사역자로 알려져 있었습니다.

서 목사님은 세상적인 가치관이 난무하는 이 시대에 그리스도인으로서 꼭 필요한 것이 영적 분별임을 강조하면서, '소명에 대한 분별'과 '사람에 대한 분별'과 '장소에 대한 분별'와 '시간에 대한 분별' 등 네 가지 주제로 나누어 메시지를 전해주고 있습니다. 하나님의 뜻에 초점을 맞추고 이끌어 가는 공동체의 변화와 성장을 리더의 관점에서 세심하게 살피고 나아갈 길을 제시하는 서 목사님의 메시지에 공감하며 감탄하게 됩니다. 또한 세계 선교를 향한 서 목사님의 무한한 열정과 선교정책과 성장을 향한 몸부림을 공감할 수 있었습니다. 더구나 한민족으로서 해야 할 일을 강조하면서, 한

민족 디아스포라의 역할과 북한을 향한 애끓는 심정과 70년 만에 이루어
질 통일을 염원하면서 드리는 간절한 부르짖음을 볼 수 있었습니다.

메시지에 담겨 있는 행간마다 주님의 뜻이 어디 있는지 묵상하고 대안을
제시하는 목회자의 심정이 곳곳에 잔잔하게 이어지고 있음을 봅니다.

이 시대를 살아가는 그리스도인이라면 나이와 신앙 연륜의 고하를 막론
하고 두고두고 묵상하면서 읽어야 할 귀한 책이라 생각되어 기쁜 마음으로
권합니다.

성령님의 음성을 들을 수 있는 기회로

박동건 목사

(CRM Korea 대표, 북미주 한인커피브레이크 대표)

제가 아는 서창권 목사님은 충직한 군인출신다운 목회자로서 주님과 하나님 나라에 대한 그의 충성심과 열정은 놀랍습니다. 메시지는 메신저라는 말이 있습니다. 단순하고 명쾌한 서창권 목사님의 메시지는 언제나 주님에 대한 충정과 헌신을 우리들에게 보여 줍니다.

많은 말씀과 설교집들이 인터넷과 서적을 통해 범람하는 가운데에도 이번에 두 번째로 나오는 서 목사님의 설교집에 대해 기대를 갖게 되는 것은 그분의 설교를 읽다보면 마치 가까이 대화를 주고 받는 것처럼 그의 순수한 마음과 열심을 함께 읽어 내면서 우리 마음도 새로운 도전을 받고 하나님나라에 대한 열정을 키워갈 수 있기 때문입니다.

이번 설교집의 주제는 '영적 분별'에 관한 것입니다. 교회가 세상에 대한 영향력을 잃어 가는 것은 교회지도자들이 영적 권위를 잃어가기 때문이고, 교회 내에서 영적 권위가 실추되어 가는 것은 영적 분별력을 상실하였기 때문이라고 생각합니다. 그래서 이 주제는 교회의 본질만큼이나 중요한 주제라고 할 수 있습니다. 체코의 지도자였던 하벨은 "현대인의 비극은 그가 자신의 삶의 의미를 모르는 것이 아니라 점점 더 그것에 신경을 쓰지 않는 데 있다."라고 말했습니다. 아마도 교회의 비극은 성경에 나타난 하나님의 뜻을 모르는 것이 아니라 실행치 않는 태도, 영적 공동체를 통한 영적 분별이 아니라 개인주의에 의존하는 태도, 모든 것을 가르치고 깨닫게 하시는 성령님이 아니라 우리의 경험과 자원에 의지하는 태도라고 말할 수 있지 않을까 우려해 봅니다.

저는 지난 2~3년 동안 서창권 목사님과 시카고 지역의 몇 분 목사님들과 함께 네트워크 공동체를 이루어 리더십 개발과 영적 분별 과정에 함께 동행하는 기회를 가졌습니다. 자신의 삶을 향한 하나님의 뜻을 분별하는 과정 속에서 관점의 변화들이 일어났고, 이 관점의 변화와 새롭게 발견된 하나님의 뜻에 초점을 맞추는 과정을 통해 공동체에 참여한 목사님들의 삶과 목회에 놀라운 변화가 일어나는 것을 옆에서 목격하였습니다. 저는 하나님의 뜻을 분별한 후, 거기에 전적으로 순복하는 서 목사님의 삶에 나타나는 커다란 변화들에 대해 아직도 경탄을 금치 못하고 있습니다.

이 설교집을 통하여 영적 분별 과정을 통해 변화와 성장을 경험한 서 목사님의 이야기와 그 과정에서 얻은 통찰력들을 진솔하게 들을 수 있게 되기를 기대합니다. 그리고 그 안에서 우리를 모든 진리로 인도하시는 성령님의 음성을 들을 수 있는 기회가 되기를 기도합니다.

| 추천사 |

성령님의 음성을 대신하는 설교

조성수 선교사

(월간 '한국인 선교사' 창간인, 남아공 선교사)

*작디작은 사람 하나에게
하나님의 말씀이 설교를 통해 바르게 임했습니다.

*15명 정도의 총 강도 흑인들이 소수의 선교사들,
그것도 시작하는 자녀 선교사들에게도 같이 강도들에게 묶이고,
맞아서 피가 나고, 심지어는 뜨거운 다리미로 얼굴과 몸에 상처를 입히고는
가져갈 수 있는 모든 것을 가져가며 큰 혼란을 주었던 때에...

*시카고에서 한걸음에 오셔서는
"믿음이 없이는 하나님을 기쁘시게 하지 못하나니
하나님께 나아가는 자는 반드시 그가 계신 것과…"(히 11:6)
'강도들에게 어려움을 당하고 있었을 때에도
하나님께서는 그 자리에 같이 계셨다.' 고...

*하나님의 뜻을 따라
이 땅 남아공에 와서 봉사와 섬김의 나날들을 보내고 있는데
어떻게 그렇게 3시간 정도나 힘들게 보내고 있음에도

'하나님께서는 어디 계셨어요?' 아니 말씀처럼 정말 같이 계셨다면
'왜 가만히 계셨어요?' 라고 하며 서운한 것이 아니라
'아! 하나님께서 같이 계셨었구나... 그러셨구나...'
얼마나 위로와 힘이 넘치던지요.
감동이 커서 하나님의 존재가 확연해지기 시작했습니다.
'그렇게도 함께 하시는군요. 하나님 아버지!!'

*그리고는 같이 공동 생활하던 잘못된 구성원과 함께 짜고 들어온 강도여
서 진한 서글픔,
아내와 자녀들까지 어려움을 만난 것이니 강도들에 대한 분노,
강도를 다시 만날까 하는 두려움 등 여러 복잡한 감정이 모든 시간을 꽉
메우고 있었다가 설교 한마디가 모든 부정적인 생각을 바꾸고 온통 희망과
감사로 그 자리를 대신했습니다.

*존경하는 서 목사님의 설교에는 성령의 감동이 있습니다.
때와 상황에 맞게 성령님께서는
서 목사님의 설교를 통해 말씀해 주시기를 즐겨 하십니다.
설교는 설교자 본인의 생각을 얘기하는 것이 아니라
성령님의 말씀을 대신하는 것이기에 서 목사님의 설교는 소중합니다.
제게는 강도를 만난 일뿐이 아닙니다.
멀리 떨어져 있어서 자주 설교 말씀을 듣지 못하지만
때를 따라 해 주시는 말씀이 길이 되곤 합니다.

*하나님의 말씀이 설교를 통해 사람의 일생에 한 번이라도 임하시면
평생을 치우침 없이 하나님 아버지께서 주신 비전을 따라 힘차게 기쁨으로
걸어가고도 남을 것이라 믿어집니다.

우는 자들과 함께 울라

이빌립 선교사
(열방샘교회 담임, 통일소망선교회 대표, 한국 기독교통일학회 협동총무)

2006년 가을 어느 날, 탈북자가 개척한 조그마한 교회 십자가 앞에서 머리를 깊이 숙이고 간절히 기도하시던 서창권 목사님을 처음 뵙게 되었습니다.

북한을 품고 기도하는 많이 이들이 있습니다. 그러나 기도하는 것만큼 몸과 마음과 뜻을 다해 영혼들을 사랑한다는 것은 그렇게 쉬운 일이 아닙니다. 그런 면에서 목사님은 한 영혼, 한 영혼을 위해 기도해주시고, 예수님의 사랑으로 끝까지 행동으로 섬기시는 주의 종입니다.

"…우는 자들과 함께 울라" 로마서 12장 14절 말씀입니다. 지금도 잊을 수 없는 것은 2011년 11월, 목사님과 함께 한 4박 5일간의 국내 여행입니다. 그 기간 동안 목사님은 인생의 고통 가운데 낙담한 저의 두서없는 많은 아픔의 고백들을 들어주셨고, 부족하였던 저를 십자가의 은총 앞에 나아가 회복되도록 독려해주셨습니다. 참으로 그때 하나님의 사랑이 저에게 부어진 바가 되지 않았다면, 오늘날 통일소망선교회나 열방샘교회가 하나님이 기뻐하시는 북한선교의 공동체로 서지 못하였을 것입니다.

이번에 쓰신 목사님의 두 번째 설교집은 하나님 나라로 가는 길은 넓은 것이 아니라 '좁고 협착'하다는 복음의 진리를 이야기하고 있습니다. 참으로 이 마지막 시대를 향한 교회와 성도의 진정한 사명과, 영혼이 사는 영적 분별력이 무엇인지 보여주는 귀한 메시지가 담긴 책입니다.

서 목사님은 첫 번째 설교집의 수익금으로 중국 감옥에 갇혀 북송을 앞두고 있던 그리스도인 탈북청년에게 보냈고, 그 탈북청년은 기적과 같은 하나님의 은혜로 한국에 와서 현재 총신대학교 신학과에서 주의 종으로 훈련받고 있습니다. 이제 두 번째 설교집의 수익금으로는 탈북 여성의 자녀들을 구출하기 위해 사용하신다고 하니, 하나님께서 이 귀한 설교집을 통해 은혜 받게 하시고, 또 어떠한 기적을 베푸실지 큰 기대가 됩니다. 감사합니다.

금년은 해방된 지 70년이 되는 해입니다. 일본 식민지배에서 해방되면서 남과 북이 나뉘어졌기 때문에 분단된 지 70년이라는 세월이 흘렀습니다. 기독교인들은 이스라엘이 바벨론 포로에서 70년 만에 귀환한 역사를 생각하며, 우리 민족도 70년 만에 통일될 것을 기대하며 기도해 왔습니다.

이제 곧 이 기도가 응답되어질 것 같습니다. 민족의 염원인 통일이 얼마 남지 않은 것 같습니다. 예수님께서 "너희가 날씨는 분별할 줄 알면서 시대는 분별할 줄 모르느냐?"라고 유대인들을 책망하신 적이 있습니다. 예수님은 시대를 분별할 것을 우리에게 명령하셨습니다. 예수님의 명령에 순종하여 우리 시대를 분별해 보니 통일이 임박했음을 알게 되었습니다. 저는 지금이 통일이 동터오는 새벽이라고 생각합니다.

저는 청년 시절에 영적 분별력을 달라고 하나님께 기도를 참 많이 했습니다. 신학생 시절에도 영적 분별력을 달라고 열심히 기도했습니다. 그런데 어느 날 하나님께서 깨달음을 주셨습니다. 영적 분별력은 내가 주는 것이 아니라 네가 길러야 하는 것이라고 주님께서 제 마음에 말씀하시는 것이었습니다.

영 분별의 은사와 영적 분별력을 혼동하는 사람이 있습니다. 영을 분별하는 것은 성령의 은사 중에 하나입니다. 하나님께서 선물로 주셔야 하는 것입니다. 따라서 그 은사를 받으려면 사모해야 하고 열심히 간구해야 합니다. 그러나 영적 분별력은 영적으로 분별하는 능력입니다. 내가 공부하고 노력해서 키워나가야 하는 힘입니다. 영적 분별력은 참과 거짓, 의와 불의, 선과 악, 하나님의 일과 마귀의 일을 가려내는 능력이므로 성경말씀을 정확히 많이 알아야 합니다. 신학적 지식도 알아야 합니다. 영적 분별력은 성경지식과 신학지식이 더할수록 강해집니다.

한국교회와 성도들이 이단에 매우 취약합니다. 쉽게 이단에 빠지며 사이비집단에 미혹을 당합니다. 천국과 지옥을 보고 왔다는 사람이나 시한부 종말론을 주장하는 사람이 나올 때마다 홍역을 치르곤 합니다. 그만큼 성경을 모르고 기본적인 신학지식을 갖고 있지 않기 때문입니다.

이 책은 영적 분별의 네 분야를 다루고 있습니다.
소명에 대한 분별, 사람에 대한 분별, 장소에 대한 분별, 그리고 시간에 대한 분별을 다루고 있습니다. 꼭 순서대로 책을 읽지 않아도 됩니다. 독자께서 필요한 분야부터 읽으면 됩니다. 그러나 네 분야를 모두 읽고 나면 영적 분별의 안목이 생길 것으로 기대합니다. 부족한 책이 조금이라도 여러분에게 도움이 되었으면 합니다.

바쁘신 중에 귀한 추천사를 써 주신 목사님과 선교사님들께 깊은 감사를 드립니다. 제 모교의 제임스 프랭크 총장님은 학자이신 동시에 뛰어난 지도자이십니다. 저를 친구로 대해 주시는데 기쁨으로 추천의 글을 써 주셨습니다. 추천사를 통해 신학적으로 영적 분별력을 정리해 주셔서 감사합니다. 한국교회의 참신한 리더로 존경을 받으시는 이찬수 목사님께서 추천사를 써 주심으로 제 책의 위상과 신뢰성을 높여 주셨습니다. 저의 멘토로서 중요한 순간에 지혜로운 조언을 주시는 박동건 목사님은 많은 은사를 갖고 계시는데 특히 격려의 은사가 있으십니다. 박 목사님의 추천사를 통해 큰 격려를 받았습니다. 아프리카에서 평생 선교의 삶을 살고 계시는 조성수 선교사님은 언어의 연금술사이십니다. 은혜와 감동이 넘치는 추천사를 보내 주셔서 감사합니다. 이빌립 선교사님은 북한군 장교출신 탈북자이십니다. 한국에 들어와서 신학을 공부했고 전도사 시절에 탈북자들을 위한 교회를 개척했습니다. 지난 8년 동안 탈북자 사역 및 북한선교 사역을 함께 동역해왔습니다. 탈북자들을 대표해서 추천사를 써 주신 것으로 감사히 받았습니다.

저의 두 번째 책을 위해서 많은 분들이 도움을 주셨습니다. 이번에도 출판준비위원회 위원장으로 김윤식 장로님께서 수고를 크게 하셨습니다. 처음부터 마지막까지 모든 일들을 주관해 주셨습니다. 장은주 집사님은 구슬을 꿰어 보배를 만들듯이 스무편의 설교를 네 분야로 구성하여 한 주제로 관통하는 책으로 탄생시켜 주셨습니다. 방송작가 출신답게 제 설교를 이해하기 쉽게 편집도 해 주셨습니다. 이병대 집사님은 책의 전체 메시지를 함축적으로 담아낸 표지 디자인을 통해 책의 품격을 한층 높여 주셨습니다. 부목사로 저와 동역하는 김대성 목사님은 자료수집 및 정리 등 여러 가지 면에서 수고를 많이 하셨습니다. 선교횃불의 김수곤 사장님과 직원 여러분들의 노고를 빼 놓을 수 없습니다.

설교자는 태어나는 것이 아니라 만들어지는 것이라는 말이 있습니다. 지난 17년간 저를 설교자로 만들어 주신 시카고한인교회의 모든 성도님들께 이 자리를 빌어 감사의 말씀을 드립니다. 이 책은 여러분의 사랑과 섬김, 기도와 기다려줌, 말씀에 대한 사모함으로 만들어진 것입니다. 이 책을 여러분들에게 헌정합니다.

이 책의 수익금은 통일소망선교회를 통해 북한선교 및 탈북자 구출과 양육을 위해 사용될 것입니다. 특별히 지난 해 하나님께서 제게 주신 수양딸 혜인이가 북한 고향땅에 두고 온 다섯 살짜리 딸 평화를 미국에 데려오는 비용으로 사용될 것입니다.

2015년 1월
통일의 새벽에 시카고에서 조국을 사랑하는 마음으로
서창권 목사

차 례

Part 3 장소를 아는 힘

Part 4 시간을 아는 힘

추수의 시기, 하나님이 당신을 부르십니다.

일꾼으로 삼으시려고 부르십니다. 이것이 소명입니다.

소명을 받기 위해 무엇을 해야 합니까?

이제 소명을 받은 여러분은 또 무엇을 준비해야 합니까?

하나님이 요구하시는 삶은 말과 경주해서 이기는 삶입니다.

담대하게 나아가십시오.

흔들리지 말고 나아가십시오.

불붙은 소명으로 모든 것을 이겨내어 사역을 완주하십시오.

소명을 아는 힘이 있어야 합니다.

Part 1
소명을 아는 힘

3 서로 불러 이르되 거룩하다 거룩하다 거룩하다 만군의 여호와여 그
의 영광이 온 땅에 충만하도다 하더라
4 이같이 화답하는 자의 소리로 말미암아 문지방의 터가 요동하며 성
전에 연기가 충만한지라
5 그 때에 내가 말하되 화로다 나여 망하게 되었도다. 나는 입술이 부
정한 사람이요 나는 입술이 부정한 백성 중에 거주하면서 만군의 여
호와이신 왕을 뵈었음이로다 하였더라
6 그 때에 그 스랍 중의 하나가 부젓가락으로 제단에서 집은 바 핀
숯을 손에 가지고 내게로 날아와서
7 그것을 내 입술에 대며 이르되 보라 이것이 네 입에 닿았으니 네
악이 제하여졌고 네 죄가 사하여졌느니라 하더라
8 내가 또 주의 목소리를 들으니 주께서 이르시되 내가 누구를 보내
며 누가 우리를 위하여 갈꼬 하시니 그 때에 내가 이르되 내가 여기
있나이다 나를 보내소서 하였더니

이사야 6:3-8

Chapter 01

하나님의 공개입찰

본문 : 이사야 6:1-13

추수할 일꾼이 필요한 시대

선교여행을 할 때마다 강하게 느끼는 것은 선교지마다 일꾼이 많이 필요하다는 사실입니다. 선교지는 선교지대로 일꾼이 필요하고, 한국은 한국대로 일꾼이 필요합니다. 미국은 미국대로, 우리 교회는 우리 교회대로 많은 일꾼이 필요합니다.

> 지금은 추수기이기 때문에 더 많은 일꾼이 필요합니다.

마태복음 9:36-40의 말씀이 생각납니다. 많은 무리들을 바라보시며 예수님은 이들이 목자 없이 유리방황하는 양들과 같다고 하시며 불쌍히 여기셨습니다. 목자가 필요한 이들, 일꾼이 필요한 이들을 위해, 예수님은 제자들에게 말씀하셨습니다.

"추수할 것은 많되 일꾼이 적으니 그러므로 추수하는 주인에게 청하여 추수할 일꾼을 보내어 주소서 하라”

2천 년 전에도 일꾼이 많이 필요했는데, 지금도 많은 일꾼이 필요합니다. 지금은 추수기이기 때문에 더 많은 일꾼이 필요합니다. 하나님은 우리에게 일꾼이 되라고 하십니다. 우리 마음속에는 하나님의 일꾼으로 쓰임 받고 싶은 소원이 있습니다.

본문을 통해 구약시대 때 크게 쓰임 받은 사람, 이사야 선지자가 소명을 받아 하나님의 일꾼이 되는 과정을 살펴보며, 우리도 일꾼이 되는 길을 발견하고자 합니다.

하나님의 임재를 경험해야 하나님의 일꾼이 될 수 있습니다.

“웃시야 왕이 죽던 해에 내가 본즉 주께서 높이 들린 보좌에 앉으셨는데 그의 옷자락은 성전에 가득하였고”(1절).

하루는 이사야가 하나님을 만나는 특별한 영적 체험을 하게 됩니다. 여기서 그는 소명을 받았습니다. 우리도 하나님을 만나야 합니다. 하나님을 만나면 역사가 일어납니다.

하나님을 만날 만한 때를 기대하라

> 우리가 인간적으로 낙심하고 좌절할 때, 그 때가 하나님을 만날 때입니다.

이사야가 하나님을 만났던 때는 ‘웃시야 왕이 죽던 해’였습니다.

이 해는 매우 중요한 의미가 있습니다. 웃시야 왕은 16살에 왕이 되어 52년 동안 유다왕국을 통치하였습니다. 통치 초기에 하나님만 의지하여, 영토를 크게 확장하고 주변 국가들로부터 조공을 받았습니다. 부국강병책을 써서 광업과 농업을 부흥시키고 군대를 재정비하여 전쟁에 대비하고 국가를 안정시켰습니다. 하나님의 사업에도 열성적이었고, 나라를 영적으로 크게 부흥시켰습니다. 솔로몬 왕 이후 국가를 가장 흥왕케 만든 훌륭한 왕입니다. 그러나 말년에 교만해져서 제사장 대신에 제사를 지내려고 하다가 하나님의 진노를 받아 나병에 걸려 죽을 때까지 별궁에 거하는 벌을 받았습니다. 이처럼 나라를 크게 부흥시킨 웃시야 왕이 죽으므로, 나라의 장래가 크게 염려되는 때였습니다. 이사야는 웃시야 왕과 사촌지간이었습니다. 이사야가 적지 않은 타격과 실망을 갖고 성전에 들어가 기도할 때 뜻밖에 하나님을 만나게 되었습니다.

우리가 인간적으로 낙심하고 좌절할 때, 그 때가 하나님을 만날 때입니다. 모든 것이 순조롭게 잘 풀려 나갈 때, 하나님을 만나기 쉽지 않습니다. 우리 마음에 별로 아쉬울 것이 없어 하나님을 아예 찾지 않기 때문입니다. 이사야는 국가의 장래를 염려하여, 특히 영적으로 국가가 어떻게 될까를 염려하여 하나님께 기도하려고 성전을 찾았던 것입니다. 이 때 하나님은 직접 나타나셔서 그를 위로하고 그에게 소명을 주셨습니다.

하나님을 깊이 만난 경험이 있습니까?

2절부터 4절은 이사야가 성전에서 하나님을 만나고 경험한 내용입니다.

"스랍들이 모시고 섰는데 각기 여섯 날개가 있어 그 둘로는 자기의 얼굴을 가리었고 그 둘로는 자기의 발을 가리었고 그 둘로는 날며 서로 불러 이르되 거룩하다 거룩하다 거룩하다 만군의 여호와여 그의 영광이 온 땅에 충만하도다 하더라 이같이 화답하는 자의 소리로 말미암아 문지방의 터가 요동

하며 성전에 연기가 충만한지라"(2-4절)

앞에 1절에서 이사야가 본 하나님의 모습입니다. 하나님께서 높이 있는 보좌에 앉으셨는데 그 옷자락이 성전에 가득하였습니다. 하나님의 모습을 직접 보지는 못했습니다. 하나님의 보좌와 그 보좌에 앉아있는 일부 모습을 보았습니다. 그 옷자락이 내려와 온 성전에 가득 차 있었습니다.

이사야는 보좌 주위에 있는 천사들을 보았습니다. '스랍' 들이라고 기록되었는데, 천사의 한 종류입니다. 이 천사는 날개가 여섯 개입니다. 둘로는 얼굴을 가리고, 둘로는 발을 가리고, 가운데 두 날개로는 날고 있습니다. 이 천사들이 하나님을 찬양합니다:

"거룩하다 거룩하다 거룩하다" 이렇게 세 번 하나님의 거룩하심을 찬양합니다. 하나님의 영광이 온 땅에 충만하다고 찬양합니다. 이것이 사실입니다. 온 세상에 하나님의 영광이 충만합니다. 하나님의 영광이 미치지 않는 곳은 없습니다. 단지 우리의 눈이 어두워서 보지 못할 뿐입니다. 우리가 영적인 사람이 될수록 세상에 가득한 하나님의 영광을 더 많이 볼 수 있습니다.

그런데 4절을 보면 이 찬양소리가 얼마나 큰지 문지방의 터가 요동하였습니다. 성전에 연기가 충만했습니다. 연기는 하나님이 임재하실 때 함께 나타나는 하나님의 영광을 상징하는 것입니다. 하나님의 임재가 있고, 참된 찬양이 있는 곳에 이런 현상이 나타납니다. 터가 흔들리고, 하나님의 영광이 충만합니다. 빌립보 감옥에서 바울과 실라가 한밤중에 찬양할 때도 이런 현상이 나타났습니다. 옥터가 흔들리고 옥문이 열리고 쇠사슬이 풀리는 역사가 나타났습니다. 저는 우리 교회의 예배시간, 찬양시간에 이런 역사가 나타나길 기도하고 있습니다.

정결케 되는 경험을 해야 하나님의 일꾼이 될 수 있습니다.

그런데 죄 많은 인간들이 하나님의 임재를 경험하는 순간 두려움을 느끼게 됩니다. 평상시는 내가 죄인인지 잘 모르는데, 죄가 전혀 없으신 하나님이 나타날 때 우리는 더러운 자신을 발견하게 됩니다.

"그 때에 내가 말하되 화로다 나여 망하게 되었도다 나는 입술이 부정한 사람이요 나는 입술이 부정한 백성 중에 거주하면서 만군의 여호와이신 왕을 뵈었음이로다 하였더라"(5절).

'입술이 부정하다' 는 말은 죄인이라는 뜻입니다. 입술만 더럽다는 뜻이 아니라, 마음속에 있는 죄악들이 입술로 표현되어 죄를 짓듯이 수많은 죄를 지었다는 고백입니다.

이사야의 한탄을 들은 하나님께서 천사를 보내십니다. 천사가 부젓가락으로 제단의 숯불을 가져와 이사야의 입에 대어 정결케 합니다. 상징적인 행동입니다. 이사야의 모든 죄악과 허물을 깨끗하게 사하셨다는 행동입니다. 특히 선지자로 부름 받은 사람으로서 무엇보다 입이 정결하여 하나님의 말씀만을 대언해야 하는 상징성도 있다고 봅니다.

하나님의 부르심에 응답해야 하나님의 일꾼이 될 수 있습니다.

이사야가 정결케 되었을 때, 하나님의 음성이 들려왔습니다. "내가 누구를 보내며 누가 우리를 위하여 갈꼬?"(8절).

두 문장으로 되어 있습니다. "내가 누구를 보낼까?" "누가 우리를 위하여 갈꼬?"

우리의 소명과 관련되어 중요한 교훈 두 가지가 여기에 담겨 있습니다.

첫째, 하나님은 보낼 사람을 고르신다는 사실입니다.

많은 사람들 가운데 지금 유다왕국을 위하여 누구를 선지자로 보낼까 생각 중이십니다. 이사야를 보낼까 아니면 다른 사람을 보낼까, 이렇게 고민하고 계십니다.

예수님도 12 제자를 택하실 때 시간을 두고 제자들을 관찰하셨습니다. 테스트도 하셨습니다. 그리곤 결정하시기 전날은 밤새 철야기도를 하셨습니다.

둘째, 하나님은 자원하는 사람을 기다리신다는 사실입니다.

억지로 하는 사람보다 기쁨으로 자원하는 사람을 기뻐하십니다. 기회를 주시고 응답을 기다리십니다.

에드워드 영이라는 유명한 신학자는 이것을 가리켜 'God's bidding'이라고 표현했습니다. '하나님의 입찰'이라는 뜻입니다. 하나님께서는 어떤 일을 놓고 누가 이 일을 하겠느냐고 공개입찰을 시키십니다. 말레이시아 선교사 자리를 놓고 공개입찰을 하십니다. 네팔 선교사 자리를 놓고 공개입찰을 하십니다. 그 입찰에 응하여 선택된 사람들이 지금 그 나라의 선교사로 나가 있는 것입니다.

하나님이 지금 이사야에게 선지자 자리를 놓고 입찰 기회를 주고 있습니다.

이 입찰기회에 이사야는 즉각 응답합니다. "내가 여기 있나이다 나를 보내소서"

"주님! 제가 여기 있습니다. 저를 선지자로 보내 주시옵소서."

이처럼 즉각 응답이 가능했던 이유가 무엇이었을까요?

그가 이미 제단 숯불로 정결함을 받은 상태였기 때문입니다. 우리는 먼저 죄 사함을 받아 정결케 되어야 하나님의 쓰임을 받을 수 있습니다.

지금도 하나님은 공개입찰을 하고 있습니다.

하나님은 지금도 우리를 향해 공개입찰 공고를 내고 계십니다.

예를 들어 실버 미션과 같은 사역을 위하여 자원하여 응답하는 일꾼을 찾기 위해 입찰 공고를 하고 계십니다.

창의적 접근지역에서 선교사들이 가장 힘들어 하는 부분은 장기비자를 받는 것입니다. 비자를 주지 않아 3개월짜리 방문비자를 받고 있습니다. 3개월마다 이웃나라에 갔다 오는 일을 반복하면서 말입니다. 늘 불안하고 사역의 지속성을 유지하기 어려우며 비자를 받지 못하면 사역을 중단해야 하며 자녀교육에 지장이 많습니다.

그러나 하나님의 거룩한 입찰에 응답하여 나아가기만 한다면 회사설립, 한국문화원, 한국어학원 운영, 카페운영 등을 통해 비자가 가능합니다. 경험 있는 사람들이 필요합니다. 선교사님들이 거의 대부분 사업운영을 해본 경험이 없어서 선교지에서 회사설립을 하지만 사업이 잘 안됩니다. 또 사업을 하다보면 사역을 제대로 할 수 없는 문제점이 생기게 됩니다. 따라서 사업경험이 많은 실버들이 이 부분을 맡아주면 큰 도움이 됩니다.

말레이시아 같은 나라는 영어권이기 때문에 미국에 살고 있는 분들이 가서 사역하기에 매우 적합한 곳입니다.

열려진 세상 희어져 추수할 세계를 믿음의 눈으로 바라보십시오. 지금은 이동성의 시대가 아닙니까? 지금은 100세 시대가 아닙니까? 한 곳에서 평생 살기는 너무 긴 인생이며 아까운 인생입니다. 세계는 넓고 할 일은 정말 많습니다. 요즘은 과학의 발달로 오래 살 수 있는 시대가 되었기에 보람 있고 의미 있게 살 수 있기 위한 비전을 가져야 합니다. 인생이 잘 나갈 때 헌신하십시오. 나이가 한 살이라도 젊을 때 헌신하십시오. 내가 여기 있어야 할 이유, 내가 지금 이 일을 계속 해야 할 이유를 분명히 찾아야 합니다. 없다면 나가야 할 이유를 찾아보아야 합니다. 탁월한 능력, 좋은 경험과 경륜은 선교지에 절대적으로 필요합니다.

이사야는 한 시대 크게 쓰임 받은 사람입니다. 그는 '대선지자', '만민의 예언자', '예언자들의 왕' 이란 칭호를 받고 있습니다. 그는 웃시야, 요담, 아하스, 히스기야의 4대 왕에 걸쳐 선지자로 활동하였으며, 히스기야 시대는 그의 사역으로 이스라엘 나라 전체가 하나님의 축복을 크게 누렸습니다. 그는 위기 속에 있는 백성들에게 하나님의 말씀으로 위로와 소망을 주었습니다. 그는 성경책 가운데 가장 긴 책인 이사야서를 기록하는 성경 저자의 영광을 누렸습니다. 이사야서에서 그는 오실 메시야에 대한 선명한 예언을 남김으로(53장) 많은 이들에게 믿음을 갖게 하였고, 영적인 풍요함, 영적인 승리를 거둘 수 있게 하였습니다.

> 이사야처럼 하나님의 부르심에 즉각 응답 하십시오

여러분도 이사야처럼 하나님의 공개입찰에 즉각 응답하십시오. 특히 젊은이들이 청년 이사야처럼 "내가 여기 있나이다. 나를 보내소서." 소리치며 응답하십시오.

나의 하나님 여호와여 주께서 종으로 종의
아버지 다윗을 대신하여 왕이 되게 하셨사오나
종은 작은 아이라 출입할 줄을 알지 못하고
주께서 택하신 백성 가운데 있나이다 그들은
큰 백성이라 수효가 많아서 셀 수도 없고 기록
할 수도 없사오니 누가 주의 이 많은 백성을
재판할 수 있사오리이까 듣는 마음을 종에게
주사 주의 백성을 재판하여 선악을 분별하게
하옵소서 솔로몬이 이것을 구하매 그 말씀이
주의 마음에 든지라 (열왕기상3:7-10)

9 예수께서 그 곳을 떠나 지나가시다가 마태라 하는 사람이 세관에 앉아 있는 것을 보시고 이르시되 나를 따르라 하시니 일어나 따르니라

10 예수께서 마태의 집에서 앉아 음식을 잡수실 때에 많은 세리와 죄인들이 와서 예수와 그의 제자들과 함께 앉았더니

11 바리새인들이 보고 그의 제자들에게 이르되 어찌하여 너희 선생은 세리와 죄인들과 함께 잡수시느냐

12 예수께서 들으시고 이르시되 건강한 자에게는 의사가 쓸 데 없고 병든 자에게라야 쓸 데 있느니라

13 너희는 가서 내가 긍휼을 원하고 제사를 원하지 아니하노라 하신 뜻이 무엇인지 배우라 나는 의인을 부르러 온 것이 아니요 죄인을 부르러 왔노라 하시니라

마태복음 9:9-13

Chapter 02

하나님의 선물

본문 : 마태복음 9:9-13

소명

하나님께서 어떤 사람을 자신의 일꾼으로 삼으려 하실 때 가장 먼저 하시는 일이 '부르시는 일'입니다. 이것을 소명이라고 합니다. 하나님의 사람은 다 이 소명을 받았습니다.

아브라함은 갈대아 우르에서 그곳을 떠나 내가 지시하는 곳으로 가라는 부르심을 받았고, 모세는 미디안 광야 불붙은 떨기나무 앞에서 이스라엘 백성을 구원하라는 부르심을 받았습니다.

신약에서는 사도 바울이 이런 소명을 받았습니다. 크리스천들을 체포하기 위해 다메섹을 향해 가던 도중, 이방인의 사도가 되라는 소명을 받았습니다.

본문에서 주님은 열두 제자 중의 한 사람인 마태를 부르시고 계십니다.

> 하나님이 가장 먼저 하시는 일이 '부르시는 일'입니다. 이것을 소명이라고 합니다

앞에서 예수님은 제자가 되고 싶다는 사람들의 요청을 거부하신 적이 있습니다. 그런데 여기서는 가만히 있는 사람에게 다가가서 나를 따르라고 부르십니다. 어떤 사람은 대단한 결심을 하고 따른다고 해도 허락하지 아니하시고, 어떤 사람은 부탁하지도 않았는데 먼저 제자로 부르시는 그 기준은 무엇입니까? 예수님이 제자로 삼고, 일꾼으로 삼으시는 기준은 무엇입니까?

다시 말씀드려서 왜 마태를 부르셨는가? 그 이유를 분명히 깨닫는다면 나도 마태처럼 쓰임 받을 수 있습니다. 본문을 중심으로 그 이유를 알아보며 은혜를 받기 원합니다.

마태를 부르신 이유

"예수께서 그 곳을 떠나 지나가시다가 마태라 하는 사람이 세관에 앉아 있는 것을 보시고 이르시되 나를 따르라 하시니 일어나 따르니라"(9절).

이 한 절에 마태의 소명에 대한 설명이 담겨 있습니다. 마태는 바로 마태복음을 쓴 예수님의 제자입니다. 그러니까 마태 본인이 스스로 자신의 소명 장면을 묘사하고 있는 것이지요.

마태의 프로필

마태는 세리였습니다. 열두 제자 중 유일한 세리였습니다. 그는 가버나움이 고향인 사람입니다. 그는 예수님이 부르실 때 세관에 앉아 있었습니다. 당시 세리란 사람들로부터 매국노라고 비난받던 사람이었습니다. 로마 제국의 앞잡이로 동족들을 착취하며, 자기는 호의호식하던 형편없는 사람들이었습니다. 온갖 거짓과 불의를 행하던 사람들이었습니다. 그래서 당시 유대 율법은 세리들이 회당에 들어오는 것을 금지하였으며, 강도, 살인자와 함께, 세리는 어떤 경우에도 법정의 증인이 될 수 없다는 규정까지 있었습니다. 이처럼 사회적으로 지탄을 받던 형편없는 사람이었던 세리 마태를 예수님은 제자로 부르고 계십니다. 그리고 이 부르심에 마태는 그 즉시 모든 것을 버려두고 예수님을 따랐습니다.

마태를 부르신 이유

마태는 자신을 제자로 불러주신 예수님이 너무 고맙고 감사해서 자기 집에서 큰 잔치를 베풀었습니다. 당연히 자신의 동료들인 세리들이 많이 모였습니다. 이 때 바리새인들과 서기관들이 마태의 집에 들어와 제자들에게 시비를 겁니다. 이 사람들은 세리들과 함께 식사를 해도 더러워지고, 함께 있어도 더러워지기 때문에 나중에 들어온 것 같습니다. 11절을 보면 이렇게 질문합니다.

"어찌하여 너희 선생은 세리와 죄인들과 함께 잡수시느냐?"(11절)

이 사람들로서는 도저히 이해가 되지 않았습니다. 예수님의 가르침이나 그분이 행하시는 이적을 보면 보통 분이 아니시고, 하나님의 특별한 사명을 받은 분 같은데, 어찌하여 더럽고 추한 세리들과 함께 희희낙락거리며 함께 식사를 하는지 이해가 되지 않았습니다.

이 말을 듣고 예수님께서 대답하시는 그 내용 속에 바로 마태를 부르신 이유가 담겨 있습니다.

주님이 두 가지를 말씀하십니다.

"건강한 자에게는 의사가 쓸 데 없고 병든 자에게라야 쓸 데 있느니라"(12)

"나는 의인을 부르러 온 것이 아니요 죄인을 부르러 왔노라"(13절).

죄인을 부르러 오신 예수님

병과 죄는 유사점이 많습니다. 두 가지를 빗대어 주님이 말씀하십니다. 여기서 병은 죄를 상징하는데, 병든 자는 죄인, 건강한 자는 의인을 상징합니다.

의사는 병든 자를 위해 존재합니다. 건강한 사람에게는 의사가 필요 없습니다. 저는 심장이 튼튼하기 때문에 심장병 전문의를 만날 필요가 없습니다. 폐도 건강하기 때문에 폐전문의도 만날 필요가 전혀 없습니다. 그러나 병이 있는 분은 이야기가 다릅니다. 좋은 의사를 만나야 합니다. 그 분의 치료와 조언을 받아야 합니다.

그런데 의사를 통해 병을 치료받지 않고 그냥 방치하면 그 병이 악화되어 결국 목숨을 잃게 됩니다. 마찬가지로 죄도 똑같습니다. 죄를 방치하면 죄는 더욱 커지게 됩니다. 욕심이 잉태하면 죄를 낳고, 죄가 장성하게 되면 사망을 낳는다는 성경말씀(약 1:15)을 기억하십니까? 죄의 삯은 사망이라는 말씀대로 죄를 방치하면 그 죄로 인해 육신과 영혼이 모두 죽게 됩니다. 병을 치료해야 하듯이, 죄도 치료해야 합니다. 병은 의사가 전문가이듯이, 죄는 예수님이 전문가입니다. 예수님께 나아가야만 해결이 가능합니다. 다른 길은 없습니다. 예수님의 보혈, 예수님의 피가 우리의 죄를 정결하게 씻어 줍니다.

병과 죄는 이런 공통점이 있습니다. 그것을 가지고 있는 사람은 자신이 병과 죄를 갖고 있음을 인정해야 합니다. 내가 암이라는 병을 갖고 있는데 진찰을 받지 않으면 모릅니다. 내가 모르니 치료 받을 생각을 하지 않습니다. 그러나 어느 날 병원에 가서 종합검사를 했는데 암으로 판명되면 그때부터 의사를 찾아다니며 치료를 받기 시작합니다. 특별히 정신병은 더욱 그렇습니다. 정신과의사들의 말에 의하면 정신병환자가 자신의 병을 인정하면 치료는 거의 끝난 것이나 다름없다고 합니다. 정신과 치료의 첫 단계는 이 병을 깨닫게 해주는 것입니다. 먼저 부모님들을 깨닫게 해야 합니다. 당사자는 물론 부모님들도 이 사실을 인정하지 않습니다. 그 다음에 당사자를 설득시킵니다. 세상에 미친 사람이 '너 미쳤다'고 할 때 '그래 나 미쳤다' 하는 사람은 하나도 없습니다. '내가 왜 미쳤냐? 네가 미쳤지!' 이렇게 말합니다.

이처럼 환자가 자신의 병을 깨닫고 인정할 때 치료가 시작되는 것처럼, 죄도 마찬가지입니다. 내가 죄인임을 철저히 자각하고 인정할 때 죄의 문제가 해결됩니다.

13절에서 주님이 "나는 의인을 부르러 온 것이 아니요 죄인을 부르러 왔노라" 하실 때 여기서 말하는 의인은 바리새인처럼 나는 죄인이 아니라고 생각하는 사람들을 지칭하며, 죄인은 마태처럼 바로 내가 죄인임을 자각하는 사람을 지칭하고 있습니다. 이 세상에 의인은 한 사람도 없습니다. 바리새인들이 스스로 의인이라고 생각했지만, 저들은 의인이 아닙니다. 저들도 죄인입니다. 그러나 자신들이 죄인임을 깨닫지 못해 오히려 스스로 의인이라고 착각하고 있을 뿐입니다.

바로 이것이 마태가 부름을 받고 쓰임을 받은 중요한 이유입니다. 그는 자신이 죄인임을 철저히 자각했습니다. 그는 늘 직업상 거짓말을 했습니

> **내가 죄인임을 철저히 자각하고 인정할 때 죄의 문제가 해결됩니다.**

다. 터무니없이 많은 세금을 불쌍한 동족들에게 부과했습니다. 중간에 착복도 많이 했습니다. 불의와 강포도 행했습니다. 그러나 마음 한편에 내가 이렇게 살아서는 안 되는데 하며 괴로워하는 마음이 있었습니다.

마태: '하나님의 선물'

그의 이름 마태는 '하나님의 선물'이라는 뜻입니다. 아마 부모님께서 그를 낳았을 때 아들 낳았다고 기뻐하며 이름을 '하나님의 선물'이라고 지었을 것입니다. 그는 자신이 하나님의 선물답게 살지 못함을 늘 괴로워했을 것입니다. 그러나 이미 내딛은 길, 다른 직업을 가질 수도 없었기 때문에 하루하루 세리 일을 하며 살아가고 있었습니다. 그러던 중에 예수님이 나타나 이적과 기사를 행하시고, 죄인들을 위한 천국복음을 전파하시기 시작했습니다. 한 번 만나보고 싶었지만 용기가 없었습니다. 왜냐하면 자신이 너무나 더럽고 추한 죄인임을 잘 알았기 때문입니다. 그런데 예수님이 자기 앞에 나타나 '나를 따르라'고 부르셨습니다. 너무 기쁘고 감사했습니다. 그래서 그는 주저 없이 모든 것을 버려두고 즉시 예수님을 따랐습니다.

프란시스 쉐퍼는 우리가 크리스천이 되기 위해 두 번 고개를 숙여야 한다고 했습니다.

"나는 내가 자율적이지 않다는 것을 고개를 숙여 인정하여야 한다. 나는 창조주에 의해 지음 받은 피조물이다. 그리고 나는 내가 나의 구원을 위하여 그리스도가 이루신 사역을 필요로 하는 죄를 범한 죄인이라는 것을 고개를 숙여 인정하여야 한다."

혹 여러분은 오랫동안 교회를 다녔지만 변화가 없습니까?

믿음이 성장하지 않고 제자리에 있습니까?

그것은 바로 내가 죄인임을 깊이 인식하지 못했기 때문입니다.

예를 들어 설명해 드리겠습니다. 어떤 환자가 병원에 일 년간 입원하고 있습니다. 의사가 주사를 놓으려 해도 거부하고 약을 주어도 먹지 않습니다. 그러면 일 년 동안 병원에 입원해 있고 의사가 진료를 해도 아무 상관이 없습니다. 전혀 차도가 없습니다.

마찬가지입니다. 일 년 동안 교회를 다녀도 가장 근본적인 문제인 자신의 죄를 내놓지 않으면 죄가 해결될 수 없습니다. 죄가 그대로 있는 것입니다. 목사가 죄에 대해 설교하고 회개하라고 촉구하면 대부분 싫어합니다. 귀를 막습니다. 만일 목사가 거짓말하는 죄에 대해, 도둑질에 대해, 간음죄에 대해 설교할 때 양심에 가책을 받으면 그것을 주님께 가지고 나와야 합니다. 그냥 외면하면 병을 인정하지 않는 환자와 다를 바 없습니다. 바리새인들이 그러했습니다. 수없이 주님께 죄를 지적받고 위선을 지적받았지만, 저들은 콧방귀를 꼈습니다. 전혀 받아들이지 않았습니다. 결국 그들은 멸망당했습니다.

예수님을 믿으면 삶이 변화되어야 하고 성품이 변화되어야 하고 인격이 변화되어야 합니다.

나의 성품이 비뚤어지고, 남에게 상처를 주는 언어생활은 다 죄악 된 행동입니다. 형제를 미워하는 것도 죄악 된 행동입니다. 이 문제를 주님께 솔직히 인정하고 내려놓아야 치료가 시작됩니다. 즉 내 삶의 변화가 시작되는 것입니다. 마태는 이것을 인정했고 주님께 내려놓았을 때 사함을 받았습니다.

소명을 따라 사는 삶

마태는 형편없는 죄인이었습니다. 그러나 그가 자신의 죄를 인정하고 괴로워했을 때 주님을 만날 수 있었고, 주님의 제자가 될 수 있었습니다. 열두 제자 가운데 세 제자만이 성경의 저자가 되었습니다. 베드로, 요한, 그리고 마태, 이렇게 셋입니다. 마태는 신약성경을 여는 첫 번째 책 마태복음의 저자로 쓰임 받았습니다. 마태복음은 우리에게 예수님을 알게 하고 믿게 하는 매우 중요한 복음서입니다. 마태는 비록 세리였지만, 글 쓰는 재주가 있었습니다. 남의 재산의 갈취하는데 사용되었던 그의 달란트가 후에는 성경을 기록하는 거룩한 달란트로 사용되었습니다.

> 죄를 인정하고 주님께 삶을 전적으로 드릴 때 마태처럼 하나님께 쓰임 받는 삶이 됩니다.

지금 주님은 마태를 부르셔서 소명을 주신 것처럼 여러분을 부르고 계십니다. 비록 세리 마태처럼 형편없는 죄인이라 할지라도 지금 여러분의 죄를 인정하고 주님께 삶을 전적으로 드릴 때 마태처럼 하나님께 놀랍게 쓰임 받는 삶이 될 줄 믿으십니까?

-영적 분별력을 위한 말씀 -

만군의 여호와가 이르노라 나는 내가 정한 날에
그들을 나의 특별한 소유로 삼을 것이요 또
사람이 자기를 섬기는 아들을 아낌 같이 내가
그들을 아끼리니 그 때에 너희가 돌아와서
의인과 악인을 분별하고 하나님을 섬기는 자와
섬기지 아니하는 자를 분별하리라
(말라기3:17-18)

5 만일 네가 보행자와 함께 달려도 피곤하면 어찌 능히 말과 경주하
겠느냐 네가 평안한 땅에서는 무사하려니와 요단 강 물이 넘칠 때에
는 어찌하겠느냐
6 네 형제와 아버지의 집이라도 너를 속이며 네 뒤에서 크게 외치나
니 그들이 네게 좋은 말을 할지라도 너는 믿지 말지니라

예레미야 12:5-6

Chapter 03

말과 경주하라

본문: 예레미야 12:5-6

모든 것을 포기하고 싶을 때

하나님께서는 우리를 위해 형통한 삶을 계획해 놓으셨습니다. 그 계획의 실현은 우리의 순종과 헌신 여부에 달려 있습니다.

예레미야는 이스라엘의 4대 선지자 중의 한 사람으로 꼽힙니다. 일명 '눈물의 선지자'로 불리는 사람입니다. 그는 이스라엘이 극도로 타락하여 멸망하기 전부터 멸망할 때까지, 그리고 멸망한 후에도 선지자로 활동하였습니다. 그는 하나님의 심판으로 멸망 직전에 놓여 있는 자기 민족을 보며 눈물로 호소하며 회개를 촉구하였습니다.

그러나 사람들은 전혀 예레미야의 말을 듣지 않았습니다. 오히려 그에게 돌아온 것은 조롱과 핍박이었습니다. 거짓 선지자들은 예레미야의 예언이 거짓이라며 비난하고 핍박하였습니다. 가장 견디기 어려운 고난은 자기 고향인 아나돗 사람들이 자신을 죽이려고 한 것이었습니다. 이런 핍박 속에서 예레미야는 하나님께 부르짖으며 기도했습니다. 그는 모든 것을 포기하고 싶었습니다. 이제 선지자 사역을 그만두고 시골에 내려가 조용히 살고 싶었습니다. 이 때 주신 말씀이 바로 본문 말씀입니다. 이 말씀은 좌절과 낙심 가운데 빠져있던 예레미야 선지자에게 큰 위로를 주었고, 위대한 선지자로 설 수 있는 능력을 주었습니다.

말과 경주하는 삶을 살라

"만일 네가 보행자와 함께 달려도 피곤하면 어찌 능히 말과 경주하겠느냐 네가 평안한 땅에서는 무사하려니와 요단 강물이 넘칠 때에는 어찌 하겠느냐"(5절).

지금 현재 예레미야가 하고 있는 일을 '보행자와 달리기 시합을 하는 것'에 비유하시면서, 장차 '말과 경주할 때'에는 어떻게 하겠느냐고 하나님께서 질문하십니다. 지금의 핍박당하는 상황을 평안한 땅에서 편안히 있는 상태라고 비유하시면서, 앞으로 요단강의 홍수 때에는 어떻게 하겠느냐고 또한 질문하십니다. 요단강의 홍수 때란 일 년에 한 번 요단강이 넘쳐 큰 홍수가 나는 때를 말합니다. 즉 장차 지금보다 훨씬 강한 환난과 핍박이 올 텐데 지금 이 정도 가지고 포기하려고 한다면, 그 때는 어찌 하겠느냐고 책망하시는 말씀입니다.

이 말씀에서 하나님은 예레미야에게 매우 수준 높은 삶을 살기를 요구하십니다. 하나님은 예레미야뿐 아니라 바로 우리들에게도 이런 삶을 살기를 요구하십니다. 그 삶은 사람과 경주하는 것이 아니라, 우리보다 훨씬 빠른 말과 경주하는 것입니다.

성도 여러분! 이거 정말 멋있지 않습니까? 감히 우리가 말과 달리기 시합을 하다니요? 우리는 이봉주, 황영조 같은 마라톤 선수와 경주하는 사람이 아니라 말과 경주하는 사람입니다. 자동차가 나오기 전까지 말이 자동차의 역할을 감당했습니다. 말은 동물 중에서 가장 빨리 달리고, 또 오래 달리는 동물입니다. 보통 경주용 말들이 시속 60km로 달리는데, 마지막 스퍼트 할 때는 시속 70km 까지 속력을 낸다고 합니다. 그런데 하나님은 우리가 이처럼 빠른 말과 경주하는 삶을 살기를 원하신다니! 정말 흥분되지 않으십니까?

말과 경주하는 삶을 살라는 것은 최상의 삶, 최선의 삶을 살라는 뜻입니다.

그 삶을 세 가지로 정리해 보았습니다.

첫째, 하나님을 철저히 믿는 삶을 살고 있습니까?

말과 경주하는 삶을 살기 위해서는 철저히 믿음대로 살겠다는 결단을 해야 합니다.

하나님께서는 예레미야에게 믿음을 요구하셨습니다. 처음부터 포기하지 말고 말과 경주하겠다고 결심할 것을 요구하셨습니다. 마라톤 코스 42.195km를 2시간에 주파하는 세계 챔피언이라도 말과 경주해서는 절대로 이기지 못합니다. 그 사람은 결코 말과 시합하겠다고 하지 않을 것입니다.

그러나 예레미야는 믿음으로 이 경주에 나섰습니다. 하나님이 나와 함께 달리면 내가 말을 이길 수 있다고 확신했기 때문입니다.

시편 119:32 말씀이 우리에게 용기를 줍니다.

"주께서 내 마음을 넓히시면 내가 주의 계명들의 길로 달려가리이다."

(시 119:32)

주님이 내 마음을 넓히실 때 전속력으로 달려가시기 바랍니다.

철저히 하나님을 신뢰하며 하나님의 말씀의 길을 달려가는 삶이야말로 말과 경주하는 삶입니다.

둘째, 사명을 위해 사는 삶을 살고 있습니까?
예레미야 1장 5절을 다시 되새겨 보기를 원합니다.

"내가 너를 모태에 짓기 전에 너를 알았고 네가 배에서 나오기 전에 너를 성별하였고 너를 여러 나라의 선지자로 세웠노라."(렘 1:5)

하나님은 예레미야가 어머니 뱃속에서 만들어지기 전에 그를 아셨고, 태어나기 전에 선지자로 세우셨습니다. 하나님은 창조 전에 예레미야에게 소명을 주셨습니다. 우리도 마찬가지입니다. 모든 크리스천은 하나님의 소명을 갖고 있습니다.

말과 경주하는 삶을 살기 위해서는 여러분에게 주신 하나님의 소명을 발견해야 합니다. 오직 기도와 말씀 외에는 나의 삶이 달려가야 할 푯대와 같은 소명을 발견할 길이 없습니다.

모든 하나님의 백성에게 주신 기본사명에 대한 확신을 가지고 있습니까? 우리에게 이미 주신 위대한 사명선언문을 함께 선포해 보면 어떨까요?

"너희는 택하신 족속이요 왕 같은 제사장들이요 거룩한 나라요 그의 소유가 된 백성이니 이는 너희를 어두운 데서 불러내어 그의 기이한 빛에 들어가게 하신 이의 아름다운 덕을 선포하게 하려 하심이라"(벧전 2:9).

몇 년 전 저희 집에 찾아온 새해 첫 손님은 여호와의 증인이었습니다. 가족이 함께 모여 세배를 하고 떡국을 먹고 있는데 벨이 울렸습니다. 어떤 교인이 오셨는가 하고 문을 열었더니 낯선 두 사람이 서 있었습니다. 여호와의 증인이었습니다. 저는 그들의 열심에 정말 놀랐습니다. 그들은 저를 전도(?)하기 위해 설날 아침에 제 집 문을 두드렸던 것입니다. 그 때 하나님이 저에게 깨달음을 주셨습니다. '왕 같은 제사장'이라는 놀라운 사명을 받은 우리의 열심이 거짓된 사명을 받은 이단 신봉자들보다 못해서야 되겠는가? 인간과의 경주에도 한참 지고 있는 것은 아닌가? 그렇다면 내가 어찌 말과 경주할 수 있겠는가?'

여러분에게 주신 하나님의 사명이 무엇입니까? 그 사명을 어떻게 감당하고 계십니까? 인간이 아닌 말과 함께 경주해도 이길 수 있다는 열심을 가지고 그 사명을 완수하는 삶을 살아가십시오.

셋째, 탁월성을 위해 계속 전진하는 삶을 살고 있습니까?

말과 경주하는 삶을 살기 위해서는 '믿음의 경주'인 삶의 목표를 예수 그리스도를 닮아가는 것에 두어야 합니다. 안주하지 마십시오. 자족(自足)과 안주(安住)를 구별해야 합니다. 여러분 가운데 혹 나이가 들었다고, 은퇴했다고 절대 안주해서는 안 됩니다. 화가 모네는 80세에도 하루 12시간씩 그림 작업을 했다고 합니다. 피카소는 90세가 넘어서 죽을 때까지 계속 그림을 그렸고, 말년에 새로운 유파를 개척하였습니다. 은퇴는 일과 휴식의 비율을 조정하는 것이지 완전히 일을 그만 두는 것이 아닙니다. 은퇴 전에 일주일에 엿새 일하고 하루 쉬던 6:1에서, 닷새 일하고 이틀 쉬는 5:2, 또는 4:3으로 일하던 시간을 줄이고 계속 일해야 합니다. 나이가 들어 체력 때문에 일하는 시간은 줄었지만, 질적으로 우수한 노동시간을 유지할 수 있습니다. 은퇴 전보다 더 훌륭한 업적을 이룰 수 있습니다.

새해에만 결단할 것이 아니라 매달, 매주, 매일마다 철저한 믿음생활하기로 굳게 결단하십시오. 제가 존경하는 열린교회 김남준 목사님은 리차드 박스터에 비교해 볼 때 '나는 짐승처럼 살았다!' 고 고백하곤 합니다. 겸손한 고백이지만 참으로 멋있는 고백입니다.

우리는 주위에 신앙생활을 열심히 하는 분과 비교하는 차원을 넘어, 영적 거장들과 비교하는 수준 높은 영성이 필요합니다. 그럴 때 진심으로 김 목사님과 같은 고백과 결단이 나올 것입니다. '나는 그동안 짐승처럼 살았다! 이제는 정말 하나님의 사명자다운 삶을 살아가리라'

말과 경주하는 삶은 하나님과 동행하는 삶

예레미야는 말과 경주하는 삶을 살기로 결단했습니다.

불가능한 일이지만 그는 하나님의 말씀에 순종하였습니다. 그러나 그의 삶과 사역은 평탄치 않았습니다. 인기도 없었습니다. 그의 설교에 귀 기울이는 사람이 아무도 없었습니다. 그는 감옥에 갇혔고 심한 핍박을 당했습니다. 예루살렘 멸망 후, 그는 이스라엘 유민들에게 이집트로 끌려갔습니다. 그 곳에서 계속 하나님의 말씀을 예언하다가 돌에 맞아 죽었습니다. 세상적인 기준에서 보면, 그는 실패한 인생이었습니다.

그러나 그는 말과 경주하여 승리한 사람이 되었습니다.

그는 성경의 저자가 되었습니다. 가장 위대한 선지자의 반열에 우뚝 섰습니다. 말과 경주하는 삶은 하나님과 동행하는 삶입니다. 말이 사람보다 빠르지만, 하나님은 말보다 더 빠르십니다. 따라서 하나님과 동행하는 삶은 말과 경주해서 이기는 삶입니다. 훨씬 수월한 삶이며 기쁨과 보람이 넘치는 삶입니다.

사랑하는 성도 여러분!

말과 경주하여 승리하시는 사명자들이 다 되시기를 주님의 이름으로 축복합니다.

1 그 때에 헤롯 왕이 손을 들어 교회 중에서 몇 사람을 해하려 하여
2 요한의 형제 야고보를 칼로 죽이니
3 유대인들이 이 일을 기뻐하는 것을 보고 베드로도 잡으려 할새 때는 무교절 기간이라
4 잡으매 옥에 가두어 군인 넷씩인 네 패에게 맡겨 지키고 유월절 후에 백성 앞에 끌어 내고자 하더라
5 이에 베드로는 옥에 갇혔고 교회는 그를 위하여 간절히 하나님께 기도하더라
(……)
23 헤롯이 영광을 하나님께로 돌리지 아니하므로 주의 사자가 곧 치니 벌레에게 먹혀 죽으니라
24 하나님의 말씀은 흥왕하여 더하더라

사도행전 12:1-5, 23-24

교회의 씨앗

본문 : 사도행전 12:1-24

왜 순교가 필요합니까?

지난 2007년 4월 18일 터키에서 세 명의 기독교인들이 무참히 죽임을 당하는 순교사건이 있었습니다. 수리아 안디옥에서 300마일 떨어져 있는 말라티아라는 도시에서 이 순교사건이 발생했습니다. 46세 된 독일인 틸만 게스케 선교사와 터키인 두 사람이 순교를 당했습니다. 한 사람은 35세 된 네자티 아이든 목사로서 터키교회의 지도자였고, 또 한 사람은 우구르 육셀이라는 곧 결혼을 앞둔 29살 된 젊은 청년이었습니다.

이들을 죽인 사람들은 18살, 19살짜리 젊은이 10명이었는데, 이들은 타리캇이라는 이슬람 단체의 회원들로서 열성적인 이슬람신자들이었습니다. 이들 가운데 다섯 명은 네자티 목사에게 예수를 믿고 싶은 구도자로 접근한 자들로, 부활절 때 호텔에서 초청받은 사람들만을 위한 예배 때 참석했던 사람들이었습니다.

이 날은 성경공부를 하는 날이었습니다. 오전 10시에 성경공부를 시작하여 네자티 목사가 성경의 한 장을 읽었을 때, 갑자기 이들은 총으로 위협하며 세 사람의 손발을 의자에 묶었고, 세 시간 동안 칼로 잔인하게 이곳저곳을 찌르면서 고문을 하였습니다. 이들은 자신들의 핸드폰으로 이 장면을 녹화하였습니다.

틸만 선교사님은 온 몸에 156군데 칼로 찔렸고, 네자티 목사는 99번, 그리고 우구르 형제는 숫자를 셀 수 없을 만큼 많이 찔렸습니다. 고문을 하면서 이들은 배를 갈라 창자를 꺼내 조각조각 잘랐고, 손가락, 코, 입, 귀 등을 잘라내었습니다. 나중에는 목을 베어 죽였습니다.

국한이라는 형제 부부가 12시 30분쯤 사무실에 도착했는데, 문이 안으로 잠겨있고 열쇠는 고장 나 있었습니다. 전화를 했더니 우구르 형제가 받아서, "우리는 사무실이 아니고 호텔에 있다. 호텔로 가라."고 모호하게 대답하였습니다. 그런데 통화하는 동안 뒤에서 울음소리와 이상한 고함 소리를 들었습니다. 그래서 경찰에 전화를 했고, 5분 만에 경찰이 도착했습니다. 문이 열리지 않고, 안에서는 심한 신음소리가 나니까 경찰이 총으로 문을 부수려고 했습니다. 겁먹은 범인들이 문을 열었고, 경찰은 그 끔찍한 장면을 목격하게 되었습니다.

틸만 선교사의 아내 수잔 틸만 선교사는 남편을 말라티아 땅에 묻었으며, 남편을 죽인 사람들을 용서한다고 말했습니다. 누가복음 23장 24절의 예수님처럼 "오 하나님 저들을 용서하시옵소서. 저들이 하는 일을 모르나이다."라고 말했습니다. 이 용서의 메시지는 터키 전국의 TV와 신문에 대서특필되었습니다. 한 칼럼니스트는 "천 명의 선교사들이 천 년 동안 할 수 없었던 것을 그 한 마디로 말했다."고 했습니다.

네자티 목사의 아내 쉠사는 이렇게 말했습니다. "남편의 죽음은 참 뜻이 깊습니다. 왜냐하면 그는 그리스도를 위해 죽었고, 그리스도를 위해 살았기 때문입니다. 남편은 하나님의 선물이었고, 나의 삶에 그가 있었다는 것이 자랑스럽습니다. 나는 영광의 면류관을 쓴 것처럼 느끼고 있습니다. 나는 그 영광에 합당하게 되기를 원합니다." 네자티 목사님은 개종했을 때 부모와 형제들의 회유와 핍박을 당할 때 이렇게 말했다고 합니다. "나는 무슬림으로 태어났지만, 크리스천으로 죽을 것입니다." 우구르 형제는 평소에 늘 이렇게 말했다고 합니다. "나는 우리 민족에게 하나님의 참다운 사랑을 전하다 죽을 준비가 되어 있습니다."

왜 이런 불행과 비극이 일어나야 합니까?

이렇게 훌륭한 선교사님과 터키의 영적 지도자들을 잃어버린 것은 큰 손실이 아닐 수 없습니다. 하나님의 사람들이 꼭 이런 식으로 순교를 당해야 합니까? 왜 순교가 필요합니까?

왜 우리는 핍박하는 사람들에게 이처럼 무기력하게 당해야 합니까? 우리는 이런 질문들을 당연히 하게 됩니다.

이 질문들에 대한 해답을 하나님의 말씀을 통해 찾아보고자 합니다.

하나님의 섭리, 순교

헤롯 왕의 박해와 야고보의 순교

본문을 보시면 AD 1세기 예루살렘교회에도 순교와 박해가 있었음을 알 수 있습니다.

"그 때에 헤롯 왕이 손을 들어 교회 중에서 몇 사람을 해하려 하여 요한의 형제 야고보를 칼로 죽이니 유대인들이 이 일을 기뻐하는 것을 보고 베드로도 잡으려 할 새 때는 무교절 기간이라"(1-3절).

성경에는 다섯 명의 헤롯 왕이 등장합니다. 여기에 등장하는 헤롯 왕은 헤롯 아그립바 1세입니다. 예수님 탄생 때 왕이었던 헤롯대왕의 손자입니다. 그는 10살 때 로마로 보내져서 그곳에서 교육을 받았고, 생애의 2/3를 로마에서 보냈습니다. 칼리귤라가 로마 황제가 되는데 공을 세워 그 보답으로 37년 북부 갈릴리 지방의 분봉왕이 되었고, 2년 뒤에는 헤롯 안티파스를 스페인으로 추방하도록 뒤에서 조종하여 그 영토인 갈릴리와 베레아를 차지하였고, 41년에는 사마리아까지 얻게 되어 헤롯대왕이 지배하던 전 영토를 장악하였습니다. 기회주의자인 그가 이렇게 교회를 박해한 것은 유대인의 환심을 사기 위함이었습니다. 헤롯 아그립바에 의한 박해는 그가 죽은 해인 AD 44년입니다. 그러니까 예수님 승천하신 후 오순절 성령강림으로 이 땅에 교회가 세워진 지 약 14년 정도 지난 때였습니다.

교회는 스데반의 순교 후에 더욱 부흥하게 되었습니다. 박해를 피해 수많은 성도들이 온 유대와 사마리아, 심지어 안디옥까지 가서 복음을 전했고, 수많은 교회들이 세워졌습니다. 이 때 헤롯은 교회를 박해하기 시작했습니다.

열두 사도 가운데 야고보를 잡아 칼로 처형했습니다. 야고보는 요한의 형제로서, 베드로, 요한과 함께 예수님께서 특별히 사랑했던 세 사람 그룹에 속했던 그 제자입니다. 그는 열두 제자들 가운데 첫 번째 순교자가 되었습니다.

헤롯 왕은 유대인들이 기뻐하는 것을 보고 그들의 최고 우두머리인 베드로도 잡아 죽여야겠다고 마음먹었습니다. 군사들을 보내 베드로를 체포하여 감옥에 가두었습니다. 교회는 최대 위기에 처하게 되었습니다.

하나님께서 베드로를 감옥에서 구출하심

헤롯 왕이 베드로를 죽이려고 하던 전 날 밤, 하나님께서 천사를 베드로에게 보내셨습니다. 군사들이 철통같이 지키고 있었습니다. 4명이 한 조가 되어 3시간마다 교대하였습니다. 두 사람은 베드로의 한쪽 팔과 자기 팔을 쇠사슬로 같이 묶어 행동도 같이 했고 잠도 같이 잤습니다. 나머지 두 사람은 첫째 출입문과 둘째 출입문 입구를 지켰습니다. 한밤중에 큰 빛이 베드로에게 비추어졌고 천사가 나타나 베드로의 옆구리를 쳐서 깨웠습니다. 손에 채워진 사슬이 저절로 풀어집니다. 옷을 입고 신을 신게 합니다. 천사를 따라 나오는데 철문이 그냥 열립니다. 군사들이 아무것도 모릅니다. 감옥을 완전히 빠져나와 거리에 섰습니다. 그 때 천사는 떠나갔습니다. 그제야 베드로가 현실임을 깨닫게 됩니다. 그는 마가의 다락방에 모여 있는 교인들을 찾아 갑니다. 여러 가지 이야기를 나누고 교회를 위한 당부를 한 후 다른 곳으로 떠나갑니다.

다음날 아침, 큰 소동이 일어났습니다. 헤롯 왕이 노발대발합니다. 아무리 찾아도 찾을 수가 없었습니다. 화가 난 헤롯 왕은 파수꾼들을 죽이라고 명했습니다.

하나님께서 헤롯을 죽이심

얼마 후에 헤롯이 두로와 시돈 사람들이 화해를 청하고 자리를 마련한 곳에서 연설을 하게 되었습니다. 그가 왕복을 입었는데, 마침 해가 비추어 왕복이 찬란하게 빛을 발하며 그 모습이 참으로 영광스러웠습니다. 백성들이 이것은 신의 소리요 사람의 소리가 아니라고 외쳤지만, 그는 이 영광을 하나님께 돌리지 않았으므로, 곧 하나님은 천사를 통해 그를 죽였습니다.

23절을 보면 이렇게 기록되어 있습니다.

> "헤롯이 영광을 하나님께 돌리지 아니하므로 주의 사자가 곧 치니 벌레에게 먹혀 죽으니라."(23절)

AD 1세기 유대인 역사학자 요세푸스가 쓴 역사책에 이 사건이 상세하게 설명되어 있습니다.

"아그립바가 전 유대를 통치한 지 3년에 이전에 스트라토의 탑이라 불린 가이사랴에 내려와 황제를 위한 축제를 열었고 … 그의 영토 내의 중요한 인사가 참석하여 큰 군중이 모였다. 축일의 둘째 날, 그는 전부 은으로 만든 찬란한 왕복을 입고 이른 아침에 극장으로 들어왔다. 그 때 아침 햇빛이 그의 은 왕복에 반사되어 경이롭게 비치어 그를 바라다보는 군중들 위에 신비로운 광채를 안겨 주었을 때, 그의 아첨자들은 이 곳 저 곳에서 그는 신이시오 라고 외쳤다. 그리고 첨가하기를 '우리를 긍휼히 여기소서. 우리가 지금까지 당신을 사람으로 존경해 왔으나 이제부터는 당신을 인성 위에 초연한 자로 섬기겠나이다.' 하였다. 이 때 이 불경건한 아첨에 대해 저들을 책망하지도 거부하지도 않았다. 그러나 그 때 그의 머리 위에 그물에 부엉이 한 마리가 앉아있는 것을 쳐다보고 즉각적으로 그것이 흉보의 사자임을 깨닫고 가장 큰 슬픔에 빠졌다. 그 때 심한 복통이 일어났다. 그는 친구를 바라보며 '너희들이 신이라 부른 나는 곧 이 생명에서 떠나는 명을 받았고 … 불멸이라 한 나는 즉시 죽음으로 달리게 되었다.…' 그가 이 말을 마치자 고통은 더욱 심해지고 궁중으로 운반되었다. … 그 후 닷새를 복통으로 완전히 지친 끝에 죽고 말았다." (요세푸스, Antiquity xix. 8:2).

하나님께서는 박해자들을 반드시 심판하심을 기억하십시오. 사도 야고보를 죽이고, 베드로까지 죽이려고 하며 교회를 박해하던 헤롯을 하나님께서 심판하셨습니다. 하나님은 헤롯 같은 박해자들을 반드시 심판하십니다. 네로 황제를 심판했고, 바리새인과 서기관들을 심판하셨습니다.

순교사건을 보면 사탄은 강하고 크리스천들은 무기력하게 보입니다. 사탄과 박해 세력들이 죽이는 권세를 가지고 있는 것처럼 보입니다. 그러나 인간의 생사화복은 하나님께서 주관하십니다. 사람의 생명을 살리고 죽이는 권세는 전적으로 하나님께서 갖고 계십니다. 그러면 왜 이런 순교가 일어나야 합니까? 그리고 왜 이 상황에서 야고보는 순교를 당했지만, 베드로는 풀려나게 하셨습니까?

순교의 신비

순교는 신비입니다. 순교 자체가 신비이고, 순교의 시기도 신비입니다. 하나님의 완전한 지혜와 섭리 가운데 일어나는 일입니다. 그러나 우리가 분명히 알 수 있는 것은 순교를 통해 반드시 교회가 부흥하고 구원의 역사가 크게 일어난다는 사실입니다.

"하나님의 말씀은 흥왕하여 더하더라"(24절).

이 말씀은 순교 이후 말씀이 왕성해져서 큰 구원의 역사가 일어났음을 밝히고 있습니다.

초대교부 터툴리안은 "순교자의 피는 교회의 씨앗이다."라고 했습니다.

우리나라 최초의 개신교 순교자인 토마스 선

교사는 대동강변에서 죽어 가면서 성경책을 나눠주었습니다. 그 책을 받았던 사람들 가운데 상당수가 나중에 교인들이 되었습니다. 아울러 그가 순교를 당한 봉래도에는 후에 여러 개의 교회가 세워졌습니다. 그가 순교당한 자리에는 토마스 기념교회가 세워졌습니다. 사도 바울이 순교한 자리, 사도 베드로가 순교한 자리에도 기념교회가 세워져 있습니다.

또한 중요한 순교의 결과는 순교자의 신앙이 믿음의 귀감이 되어 수많은 성도들에게 신앙의 유익을 주는 것입니다. 토마스 선교사의 순교는 후에 일제강점기와 6.25전쟁 때 수많은 순교자들을 배출하는 씨앗이 되었습니다.

터키순교사건에도 마찬가지입니다. 현재 터키 인구 7천5백만 가운데 기독교인은 3천명 내지 4천명에 불과합니다. 그러나 이 숫자는 터키의 기독교 탄압현실을 감안할 때 대단한 숫자입니다. 이들은 지금까지 숨어 지냈고 복음전파에 소극적이었습니다. 그러나 순교사건으로 담대하게 자신이 기독교인임을 드러내게 되었습니다. 네자티 목사의 장례식에 수천 명의 크리스천들이 참석하였습니다. 비밀경찰들이 수십 명 출동하여 모든 참석자들의 사진을 찍어갔습니다. 그런 사실을 미리 알고도 이들은 담대히 장례식에 참석하였습니다. 앞으로 터키 땅에 놀라운 역사가 일어날 것입니다.

순교자의 수가 찰 때까지

"다섯째 인을 떼실 때에 내가 보니 하나님의 말씀과 그들이 가진 증거로 말미암아 죽임을 당한 영혼들이 제단 아래에 있어 큰 소리로 불러 이르되 거룩하고 참되신 대주재여 땅에 거하는 자들을 심판하여 우리 피를 갚아 주지 아니하시기를 어느 때까지 하시려 하나이까 하니 각각 그들에게 흰 두루마기를 주시며 이르시되 아직 잠시 동안 쉬되 그들의 동무 종들과 형제들도 자기처럼 죽임을 당하여 그 수가 차기까지 하라 하시더라"(계 6:9-11).

사도 바울은 그리스도의 남은 고난에 동참한다고 고백하였습니다. 우리도 구원의 역사를 완성하기 위해 고난을 당해야 합니다. 우리가 감당할 고난의 극치는 예수님이 당하신 것처럼 피흘림과 죽임 당함입니다.

하나님은 우리에게 순교의 수가 차야 한다고 가르쳐 주십니다. 그 수가 점점 다 차 가고 있습니다. 지난 2천년 기독교 역사에서 수많은 순교자들이 나왔습니다. 제임스 헤플리 부부가 쓴 《현대 순교사》라는 책이 있습니다. 20세기에 순교당한 수많은 사람들이 있음을 그 책을 통해 알 수 있습니다.

최근 북한에서도 많은 순교가 이루어지고 있습니다. 탈북자들 가운데 예수님을 믿게 된 형제자매들이 다시 북한에 들어가 복음을 전하다 붙들려 순교를 당하고 있습니다. 순교자의 수가 차 가고 있습니다. 곧 북한의 교회들이 회복될 날이 올 것입니다.

순교자의 신앙을 본받아

한국교회는 순교의 역사를 가진 자랑스러운 교회입니다.

정확한 통계가 없지만 한 통계에 의하면 일제강점기 때 240여 명의 순교자가 있었고, 6.25전쟁을 겪으면서 공산주의자들에 의해 약 900명의 순교자가 배출되었습니다. 이 900명 가운데 목사님들이 500명이 넘는다고 합니다. 여기에는 우리가 잘 아는 주기철 목사님, 손양원 목사님, 김익두 목사님 같은 분들이 포함되어 있습니다. 이보다 훨씬 순교자 숫자가 많다는 학자들도 있습니다.

순교는 하나님의 축복

하나님께 우리의 목숨까지 바칠 수 있는 것은 가장 큰 축복입니다.

순교는 비극이 아닙니다. 순교는 희생이 아니고 손실이 아닙니다. 순교는 축복이고, 순교는 가장 고귀한 투자입니다. 영광중의 영광은 순교의 영광입니다.

끔찍하게 순교당한 형제들의 고통을 생각하면 마음이 아픕니다. 그러나 우리는 다 죽게 되어 있습니다. 순교의 고통은 그리 큰 고통이 아닙니다. 암으로 수년간 투병하는 고통, 치매로 고생하는 고통 등 더 어려운 죽음의 고통들이 있습니다.

순교는 우리의 신앙을 점검하는 기회를 줍니다. '다른 형제는 순교를 당하기까지 주님을 사랑하는데 나는 어떤 상태에 있는가?' 깊이 고민하게 만들어 줍니다.

사랑하는 성도 여러분!

지금은 순교의 시대입니다.

순교의 시대에 영적으로 깨어 기도하며, 순교자들처럼 담대한 신앙, 흔들리지 않는 신앙을 가지고 주님이 주신 사명을 충성스럽게 감당하시기 바랍니다. 순교자의 피의 열매로 우리 세대에 세계 복음화가 완성되고, 예수님께서 재림하는 영광을 볼 수 있도록 다 함께 열심히 십자가의 복음을 증언하는 삶을 삽시다.

내가 기도하노라 너희 사랑을 지식과 모든
총명으로 점점 더 풍성하게 하사 너희로 지극히
선한 것을 분별하며 또 진실하여 허물 없이
그리스도의 날까지 이르고 예수 그리스도로
말미암아 의의 열매가 가득하여 하나님의
영광과 찬송이 되기를 원하노라
(빌립보서1:9-11)

7 여호와여 주께서 나를 권유하시므로 내가 그 권유를 받았사오며
주께서 나보다 강하사 이기셨으므로 내가 조롱거리가 되니 사람마다
종일토록 나를 조롱하나이다
8 내가 말할 때마다 외치며 파멸과 멸망을 선포하므로 여호와의 말
씀으로 말미암아 내가 종일토록 치욕과 모욕거리가 됨이니이다
9 내가 다시는 여호와를 선포하지 아니하며 그의 이름으로 말하지
아니하리라 하면 나의 마음이 불붙는 것 같아서 골수에 사무치니 답
답하여 견딜 수 없나이다

예레미야 20:7-9

불붙는 소명

본문 : 예레미야 20:7-9

졸업생에게

먼저 오늘 졸업하는 13명의 졸업생들에게 축하의 말씀을 드립니다. 여러분은 지난 4년 동안 열심히 신학공부를 하였고, 인내하였기 때문에 오늘의 영광스런 졸업식을 갖게 되었습니다. 아마 그동안 몇 번이나 학교를 그만두고 싶은 마음이 들었을 것입니다. 그런 유혹을 모두 물리치고 인내하신 줄 압니다.

저는 이번에 5년 만에 다시 네팔을 방문하게 되었습니다. 지난 2006년에 처음 네팔을 방문하였는데, 그 때 선교사님의 안내로 우리 신학교를 방문했었습니다. 신학교 이사회에 참석하여 함께 대화를 나누었고, 이사회가 저에게 이사장을 맡아달라는 요청을 하였습니다. 교회에 돌아가 의논하여 이사장직을 수락하여 함께 동역하기 시작하였습니다. 그리고는 2007년, 2008년 연속 3년 계속 네팔을 방문하여 졸업식에 참석하였습니다. 매년 꼭 참석하고 싶었으나, 여러 가지 일로 바빠서 올 수 없었습니다. 이렇게 5

년 만에 방문하게 되어 얼마나 기쁜지 모르겠습니다.

하나님의 은혜로 우리 신학교는 그동안 괄목할 만한 성장과 발전을 하였습니다. 교수진도 많아졌고 학생들도 많아졌습니다. 도서실을 비롯하여 여러 교육시설들을 갖추게 되었고, ATA(아시아신학연맹)의 정회원이 되었습니다. 여러분은 국제적으로 학위를 인정받게 되어 얼마든지 외국에 유학하여 더 공부할 수 있게 되었습니다. 이 자리를 빌어서 그동안 학교의 발전을 위해 헌신한 이사님들과 교수와 교직원 여러분의 노고를 크게 치하하는 바입니다. 정말 수고 많이 하셨고, 위대한 업적을 이루셨습니다.

오늘 저는 졸업하는 분들과 이미 졸업하여 사역을 하고 있는 동문 여러분들과 함께 소명에 대해 생각해 보고 싶습니다. 특별히 예레미야 선지자의 소명을 생각하며 함께 은혜를 받고자 합니다.

예레미야의 불붙는 소명

예레미야의 고난과 탄식

예레미야는 젊은 나이에 선지자로 부름을 받았습니다. 그의 나이가 20세 정도 되었던 것으로 학자들은 생각합니다. 하나님께서 예언하라는 말씀을 그는 신실하게 백성들에게 전했습니다. 그랬더니 그에게 돌아온 것은 존경이 아니라 조롱이었습니다. 7절을 보면 얼마나 사람들이 조롱했는지 하루 종일 했다고 합니다.

"여호와여 주께서 나를 권유하시므로 내가 그 권유를 받았사오며 주께서 나보다 강하사 이기셨으므로 내가 조롱거리가 되니 사람마다 종일토록 나를 조롱하나이다"(7절).

아마 여러분 가운데 하루 종일 조롱을 받은 분은 없을 것입니다. 한두 시간 조롱받아도 견디기 심합니다. 그런데 다음 절을 보면, 그가 당한 것은 조롱뿐이 아니었습니다. "종일토록 치욕과 모욕을 당했다"고 한탄했습니다. 그는 이스라엘의 멸망에 대해 예언했습니다. 감옥에 갇히기도 했고, 거짓선지자들에게 매를 맞기도 했습니다. 모든 백성들이 그를 저주하고 욕했습니다. 감당할 수 없는 고난을 당했습니다. 그래서 그는 "내 생일이 저주를 받았더면, 나의 어머니가 나를 낳던 날이 복이 없었더면"이라고 하면서 자신이 차라리 태어나지 않았더라면 좋았을 것이라고 고백합니다.

18절은 그의 탄식의 절정입니다.

"어찌하여 내가 태에서 나와서 고생과 슬픔을 보며 나의 날을 부끄러움으로 보내는고 하니라."(18절)

사랑하는 형제자매 여러분!

대선지자 예레미야가 이렇게 탄식했다는 사실이 믿어지십니까? "아 죽고 싶다. 하나님 왜 나를 태어나게 하셔서서 이렇게 고생케 하며 이렇게 치욕을 당하게 하십니까?"

그러나 사실입니다. 사역자에게는 누구나 이런 고통의 시간이 있습니다. 크고 중요한 사명을 받은 사역자일수록 고난과 핍박을 크게 받습니다. 당장 사명의 자리를 떠나고 싶고 죽고 싶어 합니다. 모세가 그랬고 엘리야 선지자가 그랬습니다.

예레미야의 불붙는 소명

그런데 예레미야는 여기서 자신의 사역을 포기하지 않았습니다. 놀라운

반전을 보게 됩니다.

"내가 다시는 여호와를 선포하지 아니하며 그의 이름으로 말하지 아니하리라 하면 나의 마음이 불붙는 것 같아서 골수에 사무치니 답답하여 견딜 수 없나이다"(9절).

그가 고난을 당하는 이유는, 하나님의 말씀을 받아 예언하기 때문이었습니다. 그래서 그는 예언을 그만해야겠다고 마음먹었습니다. 그러나 이상한 일이 생겼습니다. 마음이 편안해지는 것이 아니라, 도리어 마음이 불붙는 것 같아졌고, 골수에 사무치고 답답하여 견딜 수 없게 되는 것이었습니다. 그래서 그는 곧 하나님께 회개하고 다시 하나님께서 주시는 말씀을 백성들에게 대언하였습니다. 그 다음에 그에게 찾아온 것은 더 큰 고난과 환난이었습니다.

소명의 힘

예레미야는 불행한 목회자입니다. 세상적인 기준으로 볼 때 한 번도 성공을 경험하지 못한 사역자입니다. 평생 죽을 때까지 고난과 핍박, 조롱과 저주를 받았습니다. 백성들로부터 인정을 받지 못했습니다. 결국에는 순교를 당했습니다.

그러나 누구도 그를 실패한 사람이라고 말하지 않습니다. 위대한 선지자, 위대한 하나님의 사람이라고 말합니다. 그는 끝까지 자신의 사명을 다했습니다.

예레미야를 위대한 사람으로 만든 것은 바로 '불붙는 소명의 힘'이었습니다.

하나님의 말씀을 전하지 않으면 답답하여

> 예레미야는 불붙는
> 소명의 힘으로
> 모든 핍박과 고난을
> 이겼습니다.

견딜 수 없는 마음, 말씀을 전하고 싶어 마음이 불타는 열정, 이것이 바로 그의 소명에서 솟아 나왔습니다.

그는 하나님을 뜨겁게 사랑했고, 동시에 자기 동족들도 뜨겁게 사랑했습니다. 하나님께서 이스라엘 백성들에게 주시는 말씀은 모두 진리였고 백성들이 살 수 있는 길이었습니다. 그래서 그는 확신을 가지고 사랑하는 동족들을 살리기 위하여 그들에게 하나님의 말씀을 대언했던 것입니다. 박해를 당해도 그는 포기할 수 없었습니다. 왜냐하면 이 길만이 살 수 있는 유일한 길이라고 확신했기 때문입니다.

여러분의 목회환경은 결코 쉽지 않습니다. 네팔교회는 아직 연약한 가운데 있습니다. 교회들이 재정이 빈약하여 목회자의 생활비를 제대로 줄 수 없습니다. 여러분은 경제적인 어려움을 이겨야 합니다. 여러분은 교회를 박해하는 세력과 싸워야 합니다. 교인들의 오해와 비난을 견뎌야 합니다. 힌두교와 불교의 박해가 강합니다. 여러분 대부분은 교회가 전혀 없는 곳에 전도자로 갑니다. 마귀의 공격을 대적해야 합니다. 카스트제도와 싸워 이겨야 합니다. 자신과의 싸움에서 승리해야 합니다. 예레미야는 소명의 힘으로 모든 박해와 고난을 이겼습니다. 우리는 소명의 힘으로 이러한 어려움들을 이길 수 있습니다.

사도 바울의 소명

저는 여러분의 위대한 선배 한 분을 소개해 드리고자 합니다. 그 분은 바로 사도 바울입니다. 사도 바울은 위대한 사역자였습니다. 그는 이방인의 사도였습니다. 그는 유럽과 소아시아 지방을 다니면서 복음을 전하고 교회를 세웠습니다. 그는 하나님을 전혀 알지 못하는 이방인들에게 예수의 복음을 전했습니다. 그래서 수없이 많은 박해를 당했습니다. 바울이 당한 고난과 박해는 예레미야보다 더하면 더했지 결코 적지 않았습니다. 죽을 고비도 여러 차례 있었습니다. 그러나 그는 끝까지 인내하면서 자신의 경주를 완주하였습니다. 사도 바울은 이렇게 고백했습니다.

"내가 달려갈 길과 주 예수께 받은 사명 곧 하나님의 은혜의 복음을 증언하는 일을 마치려 함에는 나의 생명조차 조금도 귀한 것으로 여기지 아니하노라"(행 20:24).

그는 철저히 복음의 삶을 살았습니다. 평생 수많은 고난을 당하면서도 전 세계를 다니며 복음을 전했습니다. 그 어떤 고난도 심지어 죽음까지도 그의 길을 막지 못했습니다. 소명의 힘이 그것을 가능케 했습니다. 그는 소명을 위해서라면 자신의 목숨도 귀한 것으로 여기지 않았습니다. 결국 그는 복음을 전하다가 순교를 하였습니다. 이것이 바로 소명의 힘입니다. 소명은 모든 것을 이기게 합니다.

소명의 힘으로 완주를

사랑하는 졸업생 여러분! 그리고 이 자리에 함께 한 모든 성도 여러분!
이 시대 최고의 영성신학자로 인정받는 유진 피터슨 목사님은 목회자들의 최대 적은 세속주의와 성공주의, 두 가지라고 하셨습니다. 수많은 목회자들이 이 두 개의 적에게 넘어지고 있습니다. 끝까지 사역을 완주하는 사람이 많지 않습니다. 여러분은 사역의 경주를 완주하는 사람들이 되시기 바랍니다. 예레미야와 사도 바울은 완주한 목회자들입니다. 그들은 소명의 힘으로 완주하였습니다. 여러분도 불붙는 소명의 힘으로 하나님께서 주신 영광스런 사역을 완주하시기를 주님의 이름으로 축원합니다.

〈이 설교는 저자가 이사장으로 섬기는 네팔복음주의신학교(EPTS : Evangelical Presbyterian Theological Seminary) 2013년도 졸업식 설교입니다〉

하나님이 보내신 복을 주는 사람을 찾으셨습니까?
그는 영적 침체에서 여러분을 건져줄 사람입니다.
양의 옷을 입고 나쁜 열매를 주는 자를 조심해야합니다.
리더십의 위기가 닥쳐온 지금,
참된 지도자와 거짓지도자를 분별해야합니다.
주위의 약한 자와 악한 자를 구별해야 합니다.
우리가 가진 진주, 천국의 복음을 누구에게 주어야 할까요?
사람을 아는 힘, 영적 분별력을 기르십시오.

Part 2

사람을 아는 힘

12 그가 대답하되 나를 들어 바다에 던지라 그리하면 바다가 너희를 위하여 잔잔하리라 너희가 이 큰 폭풍을 만난 것이 나 때문인 줄을 내가 아노라 하니라
13 그러나 그 사람들이 힘써 노를 저어 배를 육지로 돌리고자 하다가 바다가 그들을 향하여 점점 더 흉용하므로 능히 못한지라
14 무리가 여호와께 부르짖어 이르되 여호와여 구하고 구하오니 이 사람의 생명 때문에 우리를 멸망시키지 마옵소서 무죄한 피를 우리에게 돌리지 마옵소서 주 여호와께서는 주의 뜻대로 행하심이니이다 하고
15 요나를 들어 바다에 던지매 바다가 뛰노는 것이 곧 그친지라

요나 1:12-15

복을 주는 사람

본문 : 요나 1:4-16

인생은 만남의 연속

남극을 가장 먼저 탐험한 사람은 노르웨이의 아문센입니다.

그는 1911년 12월 14일 남위 90도 지구의 최남단인 남극점을 밟았습니다. 노르웨이를 떠난 지 1년 4개월만의 일이었습니다. 원래 아문센

> 올바른 사람을 선택할 때 영적분별력이 필요합니다.

보다 두 달 정도 먼저 남극으로 떠난 탐험대가 있었습니다. 영국의 스코트가 이끄는 팀이었습니다. 스코트팀은 전폭적인 국가의 지원을 받아서 돈도 많았고 장비도 좋았습니다. 그러나 준비와 계획이 치밀했던 아문센을 이기지 못했습니다.

아문센은 추운나라에서 살았고 북극경험을 했기 때문에 남극의 추위에 철저히 대비를 했습니다. 과거 탐험기록들을 꼼꼼히 살피고 연구했습니다. 실패원인들을 공부했습니다. 원주민들의 충고를 받아들여서 순록가죽털옷

을 입었으며, 이글루 만드는 법까지 배웠습니다. 이동수단으로는 원주민들이 사용하는 개썰매를 사용했습니다.

반면에 스코트는 여러 면에서 준비가 부족했습니다. 무엇보다 제대로 연구를 하지 않았고, 남극탐험에 실패했던 새클턴의 방법을 그대로 사용했습니다. 그는 개썰매 대신에 추위에 강하다는 만주산 조랑말을 이동수단으로 사용했습니다. 그러나 개보다 훨씬 먹는 양이 많은 조랑말 때문에 많은 짐을 가져가야 했고, 얼마 가지 못해 조랑말들은 추위에 모두 죽고 말았습니다. 그가 이렇게 한 이유는 당시 최신 장비인 설상차를 믿었기 때문입니다. 그러나 설상차는 극도로 추운 남극날씨에 견디지 못하여 도중에 고장 나고 말았습니다. 그래서 스코트팀은 장비와 식량을 실은 썰매를 직접 끌고 남극까지 가야 했습니다. 순록가죽털옷 대신 입었던 값비싼 영국제 모직 방한복은 물에 약해서 대원들은 동상에 걸려 고생을 했습니다. 결국 이들은 아문센팀보다 한 달 늦게 남극점에 도착했지만, 너무 지친데다 식량부족으로 인해 돌아오는 도중에 팀원 여덟 명 전원이 죽고 말았습니다.

두 팀 모두 당대에 최고의 엘리트 대원들이었지만, 아문센팀은 전원 무사히 귀환했으나, 스코트팀은 전원 목숨을 잃고 말았습니다. 여기서 우리는 좋은 지도자를 만나면 살지만, 나쁜 지도자를 만나면 죽을 수 있다는 교훈을 얻게 됩니다.

인생은 만남의 연속입니다. 어떤 사람을 만나느냐가 인생을 결정합니다. 그래서 만남이 참으로 중요합니다. 좋은 만남이 있고 나쁜 만남이 있습니다.

선한 사람들이 잘못된 관계에 얽혀 비참한 결과를 맞는 경우가 너무 많습니다. 누군가로 인해 계속해서 마음에 상처를 입는다면 그 관계는 끝내야 합니다. 인생에 큰 영향을 미치는 사람들이 있습니다. 친구, 배우자, 가족, 친인척, 동업자, 멘토 등이 그런 사람들입니다. 그런데 가족을 제외하고 나머지 사람들은 내가 선택할 수 있습니다. 성경은 이런 사람들을 선택할 때 신중할 것을 가르치고 있습니다. 그리고 하나님께서는 우리가 올바른 사람을 선택할 수 있도록 도와주신다고 말씀하십니다. 올바른 사람을 선택할 때 영적분별력이 필요합니다.

영혼을 가라앉게 만드는 사람

먼저 우리가 피해야 될 사람이 있습니다. 내 인생에 어려움을 주고, 내 인생에 해가 되는 사람입니다. 영혼을 가라앉게 만드는 사람입니다. 신앙생활에 도움은커녕 해가 되는 사람입니다. 이런 사람을 멀리해야 합니다.

옛날 구약시대 때 요나라는 사람이 있었습니다. 선지자였는데 하나님의 말씀을 잘 듣지 않는 사람이었습니다. 니느웨에 가서 회개의 메시지를 전하라고 했는데, 반대 방향인 다시스행 배를 타고 도망가려고 했습니다. 배가 떠나서 한참 항해하고 있는데 갑자기 풍랑을 만났습니다. 하나님께서 바다 위에 큰 폭풍이 일어나게 하신 것입니다. 배가 파손될 지경에 이르렀습니다. 사공들이 두려워하여 각각 자기의 신을 부르고 배를 가볍게 하려고 물건들을 바다에 던졌습니다. 당시 풍습에 따라 사공들은 누구 때문에 이 재앙이 임했는지를 알고자 제비를 뽑았는데, 요나가 걸렸습니다. 그러자 요나는 "나 때문에 생긴 일이니까 나를 바다에 던지라 그러면 바다가 잔잔해 질 것이라"고 대답했습니다. 그러나 사공들은 차마 살아있는 사람을 바다에 던져 죽일 수 없었습니다. 그 대신 다시 한 번 열심히 노를 저어 육지로 가고자 했습니다. 그러나 전혀 소용이 없었고 파도가 더 심해졌습니다. 이들은 하나님께 부르짖었습니다.

> 누가 너희를 막아 진리를 순종하지 못하게 하느냐?
> (갈 5:7)

"여호와여 구하고 구하오니 이 사람의 생명 때문에 우리를 멸망시키지 마옵
소서! 무죄한 피를 우리에게 돌리지 마옵소서! 주 여호와께서는 주의 뜻대로
행하심이니이다!"(14절).

그리고는 할 수 없이 요나를 바다에 집어 던졌습니다. 그랬더니 즉시 바
다가 잔잔해졌습니다.

사람들이 풍랑을 만났던 이유

배에 탔던 많은 사람들과 사공들이 풍랑을 만나서 죽을 뻔 했던 것은 자
신들 때문이 아니었습니다. 배의 문제도 아니었습니다. 바로 요나가 그 배
에 타고 있었기 때문이었습니다. 내 옆에 요나 같은 사람이 있으면 함께 어
려움을 겪을 수밖에 없습니다. 내 옆에 문제를 일으키는 사람, 분쟁을 일으
키는 사람이 있으면 문제와 분쟁 속에 함께 들어갈 수밖에 없습니다.

우리는 보증을 잘못 서서 하루아침에 전 재산을 잃어버리고, 자식들은
학교를 중퇴해야 했던 사람들을 알고 있습니다. 나는 아무 잘못이 없는데,
함께 어울리는 사람 때문에 문제될 때가 있습니다.

육적인 사람, 영적인 사람

"육신을 따르는 자는 육신의 일을, 영을 따르는 자는 영의 일을 생각하나니
육신의 생각은 사망이요, 영의 생각은 생명과 평안이니라"(롬 8:5)

사람은 두 종류가 있습니다. 육신을 따르는 사람과 영을 따르는 사람입
니다. 즉 육적인 사람과 영적인 사람이 있습니다. 육적인 사람과 함께 지내
면 우리의 신앙이 약화됩니다. 그러나 영적인 사람과 함께 지내면 우리의

신앙이 좋아집니다. 우리는 육적인 사람을 멀리해야 합니다. 그 사람에게 나쁜 영향을 받는 것을 피해야 합니다.

"누가 너희를 막아 진리를 순종하지 못하게 하느냐?"(갈 5:7).

이 말씀은 우리 주위에 있는 사람들 중에 하나님의 말씀을 순종하지 못하게 만드는 사람이 있으므로, 늘 주의하라는 교훈이라고 생각합니다. 여러분 주위를 자세히 둘러보십시오. 여러분이 진리를 순종하려 하고 믿음대로 살려고 하는데, 자꾸 못하게 하는 사람이 누군지 살펴보십시오. 그 사람을 멀리해야 합니다.

영혼을 세워주는 사람

둘째, 영혼을 세워주는 사람이 있습니다.

사울이 예수 믿는 사람들을 잡아들이기 위하여 다메섹으로 가던 중에 예수님을 만나게 되었습니다. 한낮에 태양보다 더 밝은 빛이 사울을 비추었습니다. 그 자리에 고꾸라졌고, 눈이 멀게 되었습니다. 사람들에게 이끌리어 겨우 다메섹의 한 집에 들어갔습니다. 이 때 아나니아라는 사람이 사울을 찾아와 안수하며 기도할 때, 그의 눈이 떠졌고 성령 충만을 받았습니다. 하나님께서 예수의 제자 중 한 사람이었던 아나니아를 보내셨던 것입니다. 그 다음에는 바나바를 보냈습니다. 다른 제자들이 여전히 사울의 회심을 믿지 못하고 만나는 것을 꺼리고 있을 때, 바나바가 그를 제자들에게 데리고 왔습니다. 바나바는 사울을 세워 주었습니다. 안디옥교회에 데리고 와서 함께 사역하게 하였습니다. 만일 바나바가 없었다면 바울도 없었을 것입니다.

우리가 신앙생활을 하다보면 영적 침체에 빠질 때가 있습니다. 시험에 들 때가 있습니다. 상처를 받을 때가 있습니다. 심지어 하나님을 멀리 떠날 때도 있습니다. 이럴 때 나의 영혼을 세워줄 사람이 필요합니다. 옆에서 손을 잡아주고, 일으켜 주고, 기도해 주는 사람이 필요합니다.

> 영적 침체에 빠질 때, 나의 영혼을 세워줄 사람이 필요합니다.

다니엘과 세 친구가 그런 사람들이었습니다. 바벨론 포로로 끌려가 신앙 지키기 어려울 때 서로가 서로에게 힘이 되고 격려가 되었습니다.

"너는 주를 깨끗한 마음으로 부르는 자들과 함께 의와 믿음과 사랑과 화평을 따르라"(딤후 2:22).

예수님을 깨끗한 마음으로 부르는 사람들을 친구로 삼아야 합니다. 경건한 사람들을 친구로 삼아 영적 교제를 나누어야 합니다. 이 사람들은 내가 어렵고 힘들 때 나의 영혼을 세워줍니다.

경건한 멘토

셋째, 경건한 멘토가 필요합니다.

우리가 인생을 살아갈 때 멘토가 필요합니다. 멘토는 나를 지도해 주고, 상담해 주고 코치해 주는 사람입니다. 안타까운 사실은 많은 사람들이 평생 멘토가 없이 살아간다는 점입니다.

여호수아에게는 모세가 멘토였습니다. 여호수아는 이스라엘 백성들을 이끌고 가나안을 정복하고 정착시킨 위대한 지도자였습니다. 그는 모세라는 멘토가 있었기에 큰 지도자가 될 수 있었습니다. 여호수아는 젊은 시절부터 모세를 따라다녔습니다. 모세의 시종으로서 잔심부름을 마다하지 않고 감당했습니다. 모세가 회막을 떠나 있을 때, 혼자 회막을 지키며 기도했습니다.

엘리사 선지자에게는 엘리야가 멘토였습니다. 디모데에게는 사도 바울이 멘토였습니다. 디도에게도 사도 바울이 멘토였습니다. 이들의 공통점은 본인들이 적극적으로 멘토 곁을 떠나지 않고 열심히 배웠다는 것입니다. 멘토는 내가 선택할 수 있고, 내가 적극적으로 배울 수가 있습니다.

믿음의 배우자

마지막으로 배우자에 대해 생각해 보고자 합니다.

결혼은 인생에서 가장 중요한 선택 중 하나입니다. 결혼은 인생의 방향을 바꿀 수 있고 가장 큰 영향을 미칠 수 있습니다. 누구와 결혼하느냐는 것이 행복과 불행을 좌우할 수도 있습니다. 태어날 자녀들을 결정하고, 사는 지역을 결정하고, 종교와 다니는 교회를 결정하기도 합니다. 새로운 인척관계가 형성되어 평생의 삶에 큰 영향을 미칩니다. 삶의 거의 모든 영역에 영향을 미치는 것이 바로 결혼입니다.

따라서 결혼은 신중하게 해야 합니다. 배우자를 결정할 때 분별력이 필요합니다.

배우자는 돕는 배필이고 나의 반쪽이기 때문에, 하나님께서 예비해 놓으신 바로 그 사람이 있습니다. 맞지 않는 사람과 결혼해서 평생 고생하는 경우가 많으며, 결국 함께 살지 못하고 이혼의 아픔을 겪는 경우도 많이 있습니다. 잘못된 만남이기 때문에 이혼할 수밖에 없지만, 이혼은 또 다른 고통과 불행, 경제적 빈곤을 안겨줍니다.

하나님은 이혼한 사람, 사별한 사람, 나이 들도록 결혼 못하고 독신으로 살고 있는 사람이 외로워하는 것을 안타까워하고 깊은 관심을 갖고 계신가요? 예 물론입니다. 아주 깊은 관심을 갖고 계십니다. 외로움을 해결해 주고 싶어 하십니다.

룻이라는 젊은 과부가 있었습니다. 남편이 죽어서 과부가 되었고, 역시 과부였던 시어머니를 모시고 살았습니다. 집은 찢어지게 가난했습니다. 사방을 둘러보아도 그 가정이 다시 잘 살 수 있게 될 가능성은 전혀 없었습니다. 이 때 하나님은 믿음 좋은 부자 보아스를 보내 주셨습니다. 한 가지 문제는 보아스의 나이가 너무 많았다는 점입니다. 그러나 룻과 시어머니 나오미는 영적 분별력을 갖고 있었습니다. 그래서 나오미는 룻에게 보아스를 선택하면 좋겠다고 제안했고, 룻은 그 제안을 받아들였습니다. 두 사람은 결혼했습니다.

보아스는 훌륭한 남편이었습니다. 룻은 아들을 낳았고, 이 아들은 다윗 왕의 조상이 되었습니다. 룻의 가난, 룻의 외로움은 보아스를 만남으로써 한 순간에 모두 해결이 되었습니다. 순식간에 그의 불행이 행복으로 변했습니다.

하나님이 보내주시는 사람

우리 삶에 들어옴으로써 복이 되는 사람이 있고, 우리 삶에서 떠남으로

써 복이 되는 사람이 있습니다. 세상에는 좋은 사람이 많이 있습니다. 교회 안에 좋은 사람이 많이 있습니다.

잠언에 이런 말씀이 있습니다.

"어떤 친구는 형제보다 친밀하니라"(잠 18:24).

이런 좋은 사람들을 찾는데 지혜와 분별력을 사용하시기 바랍니다.

하나님께서 보내주시는 사람을 놓치지 마시기 바랍니다. 하나님께서 보내주시는 보아스를 놓치지 마시기 바랍니다. 아나니아를 놓치지 마시기 바랍니다.

여러분의 친구로 보내주시는 사람, 여러분의 멘토로 보내주시는 사람, 여러분의 배우자로 보내주시는 사람을 여러분 주위에 머물게 하시기 바랍니다.

여러분 주위에 나를 힘들게 하는 사람, 나의 신앙을 병들게 하는 사람을 가까이 오지 못하게 하십시오. 그것은 바로 내가 해야 할 일입니다. 내가 해야만 합니다. 분명히 깨달으시기 바랍니다. 그 사람들은 기도의 대상, 섬김의 대상이지, 옆에 두고 함께 삶을 나누는 영적 교제의 대상이 아닙니다.

사람에 대한 영적 분별력을 가진 성도 여러분들이 되시기를 주님의 이름으로 축원합니다.

> 복이 되는 사람을
> 찾기 위해
> 지혜와 분별력을
> 사용하십시오.

15 거짓 선지자들을 삼가라 양의 옷을 입고 너희에게 나아오나 속에
는 노략질하는 이리라

16 그들의 열매로 그들을 알지니 가시나무에서 포도를, 또는 엉겅퀴
에서 무화과를 따겠느냐

17 이와 같이 좋은 나무마다 아름다운 열매를 맺고 못된 나무가 나
쁜 열매를 맺나니

18 좋은 나무가 나쁜 열매를 맺을 수 없고 못된 나무가 아름다운 열
매를 맺을 수 없느니라

19 아름다운 열매를 맺지 아니하는 나무마다 찍혀 불에 던져지느니
라

20 이러므로 그들의 열매로 그들을 알리라

마태복음 7:15-20

Chapter 07

양의 옷과 나쁜 열매

본문 : 마태복음 7:15-20

세상을 지배하는 두 세력

이 세상에는 크게 두 가지 세력이 대립하고 있습니다. 진리와 비진리, 참과 거짓의 대립입니다. 거짓의 세력은 참되게 살려고 하는 사람들을 끊임없이 공격하고 괴롭힙니다. 거짓은 인류를 불행하게 만든 장본인입니다. 뱀이 아담을 거짓말로 속이고 유혹함으로 인간의 불행이 시작되었습니다. 진리를 추구하고 진실 되게 살고자 하는 성도들을 방해하고 괴롭히는 자가 있는데, 바로 사탄입니다. 예수님은 사탄이 거짓의 아비라고 말씀하셨습니다. 사탄의 대표적인 특징이 바로 거짓입니다. 각종 거짓과 속임수로 인간을 미혹해 왔으며 지금도 계속 그 일을 하고 있습니다.

예수님은 말씀을 통해 거짓선지자에 대해 경고하고 있습니다. '거짓 선지자들을 조심하라' 고 말씀하십니다. 거짓 선지자란 어떤 자들이며, 왜 거짓 선지자를 조심해야 하며, 어떻게 거짓 선지자와 참 선지자를 구별할 수 있는지를 살펴보며 함께 은혜를 받기 원합니다.

거짓의 아비, 사탄

거짓 선지자란 누구인가?

먼저 살펴볼 것은 거짓 선지자란 누구인가 하는 것입니다.

참 선지자가 아닌 자를 거짓 선지자, 가짜 선지자라고 부릅니다. 선지자란 하나님의 말씀을 받아 그 말씀을 그대로 전하는 사람을 말하며, 다른 말로 예언자라고도 합니다. 따라서 거짓 선지자란 하나님의 말씀 대신에 자신의 말을 전하면서 그것이 하나님의 말씀이라고 속이는 자들을 지칭합니다. 예레미야 23:16에, "만군의 여호와께서 이같이 말씀하시되 너희에게 예언하는 선지자들의 말을 듣지 말라 그들은 너희에게 헛된 것을 가르치나니 그들의 말한 묵시는 자기 마음으로 말미암은 것이요 여호와의 입에서 나온 것이 아니니라"고 기록되어 있습니다. 구약을 보면 어느 시대든지 거짓 선지자들이 존재했었으며, 거짓 선지자들은 백성들을 미혹하고 참 선지자들을 핍박하는 일에 앞장을 서 왔습니다.

> 거짓 선지자는
> 자신의 말을 전하면서
> 하나님의 말씀이라고
> 속이는 자입니다.

거짓 선지자는 구약시대에만 있었던 것이 아니라, 예수님 당시와 초대교회시대에도 존재했습니다. 예수님 당시의 거짓 선지자는 바로 바리새인과 서기관들이었습니다. 저들은 하나님의 말씀을 왜곡되게 해석하고 백성들에게 가르쳤습니다. 그래서 늘 예수님과 대립하였고 긴장이 있었습니다. 베드로후서 2장과 다른 바울서신들을 보면 초대교회에 많은 거짓선지자들이 있었음을 알 수 있습니다

"그러나 백성 가운데 또한 거짓 선지자들이 일어났었나니 이와 같이 너희 중에도 거짓 선생들이 있으리라 그들은 멸망하게 할 이단을 가만히 끌어들

여 자기들을 사신 주를 부인하고 임박한 멸망을 스스로 취하는 자들이라 여럿이 그들의 호색하는 것을 따르리니 이로 말미암아 진리의 도가 비방을 받을 것이요"(벧후 2:1-2).

이러한 거짓 선지자는 예수님 재림하시는 순간까지 존재하면서 성도들을 미혹할 것을 우리 주님이 친히 경계하셨습니다. 마태복음 24장을 보면, 말세가 되면 적그리스도와 거짓 선지자들이 난무하여 할 수만 있으면 택함 받은 자들까지 넘어뜨리려고 할 것이라고 예언하셨습니다. 따라서 우리가 살고 있는 이 시대에도 여전히 거짓 선지자들이 활동하면서 성도와 교회를 어지럽히고 있음을 알 수 있습니다. 우리가 조심하고 경계해야 할 이 시대의 거짓 선지자는 이단의 교주들과 함께 교회 안에 버젓이 활동하고 있는 거짓 목사와 거짓 신학자들입니다.

이 시대의 거짓 선지자들은 누구인가?

선지자는 무엇보다도 하나님의 부르심, 즉 선지자로서의 소명이 있어야 합니다. 마찬가지로 목사도 하나님의 부르심이 있어야 합니다. 그런데 이 소명 없이 목사가 된 사람들이 꽤 있습니다. 의과대학을 나오면 의사가 되듯이, 신학교를 나와 소정의 과정을 거치면 누구나 목사가 될 수 있습니다. 외견상으로 볼 때는 소명을 받은 목사인지, 소명을 받지 않은 목사인지 전혀 구분이 안 됩니다.

요한복음 10장에서 예수님은 목자를 선한 목자와 삯군 목자의 두 가지로 분류하고 있습니다. 양을 위해 희생하고 헌신하는 목자는 선한 목자요 참된 목자이지만, 양을 제대로 돌보지 않고 먹고 살기 위해 삯을 벌기 위해 일하는 자를 삯군 목자라고 합니다. 소명이 없으나 자신이 원해서 목사가 된 사람들이 바로 삯군 목자요 거짓 목사라고 할 수 있습니다.

거짓 선지자들의 특징

"거짓 선지자들을 삼가라 양의 옷을 입고 너희에게 나아오나 속에는 노략질하는 이리라"(15절).

우리가 늘 염두에 둘 것은 거짓 선지자들은 양의 옷을 입고 우리에게 나아온다는 사실입니다. 양은 가장 해를 끼치지 않는 동물이라고 합니다. 따라서 주님께서 그들이 '양의 옷을 입고 나온다'고 하신 것은 가장 선하고 착한 모습, 우리를 돕고 섬기고자 하는 모습으로 위장하고 접근한다는 뜻입니다. 그러나 양의 탈 속에는 노략질하는 이리가 들어있다고 경고하셨습니다. 거짓 선지자들이 성도들에게 접근하는 것은 해치고 죽이고, 잡아먹으려는 목적 때문입니다. 거짓 선지자를 물리치지 않고 방치해 두면 결국 그들이 선량한 성도들과 교회를 해치게 됨을 잊지 말아야 합니다.

이단들이 처음부터 자기들의 교리를 드러내놓고 주장하지 않습니다. 처음에는 각종 감언이설로 유혹합니다. 시간이 지나면서 물질을 요구하고 희생을 요구하기 시작합니다. 결국에는 가산을 다 탕진하고 몸도 망치고 집안이 깨지게 됩니다. 이단이 교회 안에 들어오면 결국 교회는 풍비박산이 나고 맙니다. 이단이 한 번 휩쓸고 지나갈 때마다 수많은 성도들이 어려움을 당하고 교회가 시험에 드는 것을 수없이 목격하고 있습니다. 거짓 선지자들이 바로 양들을 노략질하는 이리들이기 때문입니다.

거짓 선지자들의 가르침의 특징

교회 안에 들어와 활동하는 거짓 목사, 거짓 교사들이 어찌 보면 이단들보다 더 무서운 자들입니다. 이들의 정체는 여간해서 드러나지 않습니다. 10년, 20년 오래가는 경우가 대부분입니다. 얼마 전에 동부지역의 한 교회의 목사는 지난 15년 동안 여러 여성도들을 농락해온 사실이 발각되어 교회가 큰 어려움에 빠지고 교인들은 사방으로 흩어져 방황하는 일이 있었습니다. 그동안 번듯하게 목회했습니다. 교회가 부흥하여 성전건축도 마쳤습니다. 사실 이런 일이 얼마나 많은지 모릅니다. 양의 옷을 입고 목회하는 거짓 목사들의 설교를 주의 깊게 살펴보면 설교와 가르침에서 다음의 특징들이 나타나게 됩니다. 이것은 영국의 유명한 목사님이신 마틴 로이드 존스 목사님께서 제시하신 내용입니다.

첫째, 좁은 문으로 들어가라는 설교가 없습니다.

거짓 목사들은 매너가 좋고 사람들이 나이스합니다. 설교가 재미있습니다. 즐겁고 유익한 내용이 많이 있습니다. 하나님에 대해 설교하고 예수님에 대해 설교합니다. 선하고 의롭게 살라는 교훈도 담겨 있습니다. 그런데 좁은 문에 대한 설교가 없습니다. 고난에 대한 설교가 없습니다. 예수 믿는 것은 십자가를 지고 가는 고생길이라는 설교가 없습니다. 넓은 문을 들어가도 구원받을 수 있는 것처럼 가르칩니다. 성도들을 생명의 길이 아니라 멸망의 길로 오도하는 것이지요. 당시는 귀가 즐겁고 예수 믿는 것에 부담이 없지만, 결국에는 신앙적으로 사기당한 결과를 맞게 됩니다.

둘째, 하나님의 심판과 공의에 관한 설교가 없습니다.

거짓 목사들은 하나님의 사랑을 강조합니다. 아니 하나님의 사랑만을 강조합니다. 사랑이 무한하신 하나님이 우리를 멸망시킬 리가 없다고 주장합니다. 하나님의 공의나 하나님의 심판은 언급하지 않습니다. 죄에 대한 지적도 없습니다. 우리의 근본적인 문제, 우리들을 불행하게 만드는 죄의 문제를 언급하지 않습니다. 미국에서 성행하고 있는 크리스천 사이언스(Christian Science)라는 이단이 이런 교리를 주장하고 있습니다.

예레미야 선지자 당시의 거짓선지자들이 이러했습니다. 예레미야는 임박한 심판과 바벨론 군대에 의한 예루살렘 멸망에 대해 예언하였지만, 그들은 일방적으로 예레미야를 매도하였습니다. 하나님은 절대로 심판하지 않는다고 장담하며, 오히려 예레미야가 자기 생각을 하나님의 말씀처럼 말한다고 책망하고 감옥에 가두어 버렸습니다.

이런 것을 보고 '거짓 평화'라고 합니다. 사실은 평화가 아니라 멸망의 위기, 심판의 위기에 직면해 있는데 괜찮다고 하며 백성들을 안심시킵니다. 전쟁의 위기에 있을 때 곧 전쟁이 닥칠 것이라고 말해주는 것이 그 순간은 백성들을 불안하게 만들고 공포감을 줄지는 모르지만, 사실은 전쟁으로부터 저들을 구해주는 착하고 의로운 일입니다.

인생의 불행과 고통의 문제가 죄 때문인데, 그것을 지적하고 예수님의 십자가라는 해결책을 듣는 이가 부담스럽게 여긴다고 언급하지 않고, 오히려 그럴듯한 위로의 말로 하나님께서 당신의 불행을 해결해 주실 것이라고 말하는 것은 옳지 못한 행동입니다. 이것은 마치 위궤양으로 인한 복통을 호소하는 환자에게 단지 통증을 제거하고자 진통제만 처방하고 본질적인 위장병을 치료하지 않아 결국 병을 더욱 악화시키는 것과 다를 바가 없습니다.

셋째, 천국과 지옥에 관한 설교가 없습니다.

예수님께서 곧 재림하셔서 세상을 심판하실 것이라는 가르침이 없습니다. 죽은 후에는 천국과 지옥이 있어서, 예수님을 믿은 자들은 천국에 가지만, 끝까지 불순종한 자들은 지옥에 갈 것이라는 내세에 대한 설교가 없습니다. 오히려 이 땅에서 번영하고 형통하는 삶에 대해서만 강조합니다. 성도들이 현세에서 누리는 복에 대한 강조만 있습니다. 예수 믿으면 복을 받는다는 말만 강조합니다. 현실에 안주하고 이 땅의 것에 집착하게 만듭니다. 더 중요한 영적인 복, 영적인 삶에 대한 말씀이 약합니다.

현대의 거짓 선지자들은 누구인가?

거짓 선지자들은 하나님을 두려워하지 않습니다. 그들은 사실 하나님을 믿지 않는 자들입니다. 오직 그들의 관심은 자신의 영달과 세상적 출세에 있습니다. 교회에 핍박이 올 때 그들의 활동은 두드러지게 나타납니다. 우리나라 기독교 역사에도 이런 경우가 있었는데, 그때가 바로 일제강점기 때였습니다. 신사참배 강요로 교회가 핍박을 당할 때 앞장서서 신사참배는 종교의식이 아니라 국민의례에 불과하다고 주장하고 설득한 목사들이 있었습니다.

신사참배란 일본의 국민적 신들을 모신 신사라는 사당 앞에서 또는 사당 쪽을 향하여 절을 하는 종교행위입니다. 후에는 일본천황을 살아있는 신이라고 주장하며 천황을 숭배하는 종교의식이 되었습니다. 일제 초기에는 별로 강요하지 않다가 만주사변 이후에 강요하기 시작했습니다. 교회와 기독교학교는 이에 저항하여 많은 학교들이 폐교를 당하였고, 많은 교회들이 폐쇄 당하였으며, 수많은 목회자와 성도들이 투옥 당했습니다. 1945년까지 투옥된 성도가 2천여 명, 폐쇄된 교회가 200여곳, 순교당한 분들이 50여 명에 달했습니다. 당시 교세로 볼 때 이것은 상당히 많은 숫자입니다. 교회역사가들은 한국교회가 우상숭배를 거부하고 신앙의 순수성을 지킨 것으로 평가하고 있습니다. 그러나 이러한 순교자들이 있었는가 하면, 앞장서서 신사참배를 지지하고 선동한 거짓 선지자들도 많이 있었습니다. 1938년 장로교총회에서 206명의 대표들은 신사참배를 정식으로 결정하였습니다. 그리고 이렇게 선포하였습니다.

"우리는 신사가 종교가 아니고 기독교 교리에 위반하지 않는 본의를 이해하고 신사참배가 애국적 국가의식임을 자각하며, 이로써 신사참배를 솔선수행하고 추이 국민정신 총동원에 참가하여 비상시국 하에서 총후 황국신민으로서 적성을 다하기로 한다."

하나님이 십계명으로 금한 명백한 우상숭배 행위를 애국적 국가의식이라고 교단 총회의 이름으로 선포한 것은 바로 그들이 거짓 선지자들임을 입증한 것입니다.

거짓 선지자의 분별

거짓 목사들을 분별하는 방법을 앞에서 말씀드렸지만, 이것은 사실 쉽지 않습니다. 영적으로 성숙한 분들, 영적 분별력이 뛰어난 분들만이 할 수 있습니다. 예수님은 거짓 선지자들을 분별하는 방법을 가르쳐 주셨습니다. 그것은 그들의 열매를 보고 분간하는 것입니다. 16절과 20절에 반복하여 강조하고 있습니다.

"이러므로 그의 열매로 그들을 알리라." 가시나무에서 포도를, 엉겅퀴에서 무화과열매를 딸 수 없듯이 거짓 선지자들의 삶 역시 이리와 같은 행동과 결과들이 나올 수밖에 없습니다. 열매는 나무의 본질을 그대로 드러내 줍니다. 나무 종류와 다른 열매가 맺히는 경우는 없습니다. 참 선지자는 참된 진리의 행실이 드러나며, 거짓 선지자는 거짓된 행실이 드러나게 됩니다. 열매가 드러날 때까지 시간은 많이 걸리지만 분명하게 결과가 드러나게 됩니다.

거짓 선지자를 조심하고 분별해야 할 책임

영적으로 어두웠던 시기에는 참 선지자가 거의 없었고 거짓 선지자들이 성행하였습니다. 엘리야 선지자가 활동했던 아합 왕 시대가 그랬고, 예레미야 선지자가 활동했던 유다왕국 말기 시대가 그러했습니다. 반면에 참 선지자가 많이 활동하던 시기는 영적으로 살아있고 하나님의 나라가 왕성한 때였습니다. 2000년 기독교 역사에 있어서 청교도 시대가 그런 시대였습니다. 수없이 많은 진실되고 훌륭한 목사들이 크게 활약하고, 강단에는 살아있는 하나님의 말씀이 올바로 선포되는 시대였습니다.

요즘 시카고지역 교계에 세대교체가 이루어지고 있습니다. 연세 드신 목사님들이 은퇴하고 젊은 목사님들이 새로 부임하고 있습니다. 감사한 것은 복음주의신앙과 신학을 가진 훌륭한 목사님들이 많이 오고 있다는 사실입니다. 우리 2세들도 마찬가지입니다. 부모님의 보수적인 신앙을 물려받아서 우리 자녀들도 신학교를 선택할 때 자유주의 신학교보다는 보수적인 신학교를 선택하고 있습니다. 얼마나 감사한 일인지 모릅니다.

왜 주님께서 산상수훈의 결론부분에서 거짓 선지자들을 조심하라고 경고하고 계십니까? 앞에서 예수님이 주옥같은 진리의 말씀, 영적으로 심오한 교훈을 주셨지만, 거짓 선지자들이 나타나 복음의 진리를 개인의 것으로 만드는 일을 방해할 것이라는 점을 강조하고 있습니다. 좁은 길로 들어가고자 하는 성도들의 앞길을 막고 넓은 길로 들어가게 미혹한다는 점을 강조하고 있습니다. 거짓 선지자를 조심하고 분별해야 할 책임이 나에게 있습니다.

양의 옷을 입은 이리 같은 거짓 선지자들을 그들의 나쁜 열매를 보고 분별하는 성도 여러분이 되시기를 축복합니다.

1 이에 예수께서 무리와 제자들에게 말씀하여 이르시되

2 서기관들과 바리새인들이 모세의 자리에 앉았으니

3 그러므로 무엇이든지 그들이 말하는 바는 행하고 지키되 그들이 하는 행위는 본받지 말라 그들은 말만 하고 행하지 아니하며

4 또 무거운 짐을 묶어 사람의 어깨에 지우되 자기는 이것을 한 손가락으로도 움직이려 하지 아니하며

5 그들의 모든 행위를 사람에게 보이고자 하나니 곧 그 경문 띠를 넓게 하며 옷술을 길게 하고

6 잔치의 윗자리와 회당의 높은 자리와

7 시장에서 문안 받는 것과 사람에게 랍비라 칭함을 받는 것을 좋아하느니라

마태복음 23:1-7

거짓지도자를 가려내는 법

본문 : 마태복음 23:1-12

영적 분별력이 필요한 시대

한국에 하리수라는 젊은 여자가수가 있습니다. 이 사람은 원래 남자였는데, 성전환수술을 해서 여자가 된 사람입니다. 몇 년 전에 주민등록번호를 여자번호로 받아서 법적으로도 완전 여자가 되었습니다.

저는 신문에 나오는 사진만 봤었는데, 우연히 한국 TV를 보다가 하리수가 노래 부르는 모습을 보게 되었습니다. 완전히 여자였습니다. 길거리에서 만나면 감쪽같이 속을 것 같았습니다. 가짜 여자가 진짜 여자보다 더 진짜처럼 보이는 세상입니다.

이 세상 살기가 어려운 것 중에 한 가지 이유는 참과 거짓이 공존하고 있기 때문이라고 생각합니다. 진실 된 말과 거짓말이 섞여서 돌아다닐 때 우리의 머리가 얼마나 혼란스러워지는지 모릅니다. 교회 안에도 참과 거짓이 공존합니다. 주님께서 알곡과 쭉정이가 함께 존재하는 곳이 교회라고 알려

주셨고, 양의 탈을 쓴 이리 떼가 양 무리 안에 침투해 들어와 있다고 가르쳐 주셨습니다. 교회의 영적지도자 가운데는 참된 지도자가 있고 거짓 지도자가 있습니다. 예수님 당시의 거짓 지도자는 바리새인과 서기관들이었습니다. 거짓 지도자들이 지도력을 장악할 때 양들은 치명적인 피해를 당하게 됩니다. 예수님은 마태복음 9장 36절에서 이스라엘 백성들을 바라보시면서 불쌍히 여기셨고 "이는 그들이 목자 없는 양과 같이 고생하며 기진함이라"고 말씀하셨습니다. 이들에게 지도자가 없었던 것이 아닙니다. 바리새인이라는 지도자들이 있었지만 그들은 거짓 지도자들이었고, 그 결과 양들은 온갖 고생을 다하며 방황하는 인생들이 되고 말았습니다.

지금도 마찬가지입니다. 교회 안에 거짓 지도자들이 지도자의 위치를 차지하면 교회 전체가 큰 고통을 겪게 되며, 때로는 교회가 분열되거나 없어지기도 합니다. 우리는 참 지도자와 거짓 지도자를 분별하는 안목을 가져야 합니다. 이것을 영적 분별력이라고 부릅니다. 주님은 본문에서 우리에게 이 영적 분별력에 대해 가르쳐주고 계십니다. 이것을 함께 살펴보고자 합니다.

거짓 지도자

거짓 지도자의 4가지 특징

주님은 무리들과 제자들에게 제일 먼저, 거짓 지도자들의 4가지 특징에 대해 설명해 주십니다.

첫째, 스스로 영적 권위의 자리에 앉습니다.
2절 말씀에 보면 이렇게 기록되어 있습니다.

'모세의 자리' 라는 말은 상징적인 표현으로 모세의 율법을 해석하고 가르치는 권위를 의미합니다. 언제부터인가 정확히 알 수는 없지만 이들은 백성들에게 구약율법을 해석하고 가르치는 권세를 가지게 되었습니다. 하나님께로부터 온 권위가 아니었습니다. 그들이 스스로 취한 것입니다. 영적 지도자는 권위가 있어야 합니다. 그런데 그 권세는 하나님이 주신 권위여야지 사람이 스스로 만들어 낸 권위는 아무 소용이 없습니다.

둘째, 말만 하고 행함이 없습니다.

3절에서 예수님은 "그러므로 무엇이든지 그들이 말하는 바는 행하고 지키되 그들이 하는 행위는 본받지 말라 그들은 말만 하고 행하지 아니하며"라고 말씀하십니다. 사람이 말한 대로 다 행할 수는 없습니다. 여기서 말하는 것은 말은 많이 하지만 자신은 전혀 행하지 않는 사람들을 가리킵니다. 사랑하라고 말하고 가난한 자들을 구제하라고 말하지만 정작 자신은 전혀 사랑하지 않고 구제하지 않습니다.

셋째, 사람들에게 과중한 짐과 고통을 부과합니다.

4절을 보면 "또 무거운 짐을 묶어 사람의 어깨에 지우되 자기는 이것을 한 손가락으로도 움직이려 하지 아니하며"라고 기록되어 있습니다.

바리새인과 서기관들은 구약율법을 해석하여 구체적으로 실천할 수 있도록 많은 규칙들을 만들었습니다. 이를 백성들에게 지키도록 강요했습니다. 하나님의 율법을 어기지 않도록 안전하게 율법 주위에 울타리를 친다는 명목으로 수없이 많은 율법 아닌 율법들을 만든 것입니다. 예를 들어 안식일을 거룩히 지키라는 계명 하나에 대해 수백 개의 율법을 만들어 놓았습니다. 순진한 백성들은 이것들을 지키기 위해 많은 고생을 하였습니다. 누구도 지킬 수 없는 율법들이기에 착한 마음에 죄책감만 더해 갔습니다. 그러나 그들은 예외조항을 만들어 놓고 자기들은 지키지 않았습니다. 손가락 하나 갖다 대지 않았습니다.

넷째, 외식된 행동입니다.

"그들의 모든 행위를 사람에게 보이고자 하나니 곧 그 경문 띠를 넓게 하며 옷술을 길게 하고"(5절)

거짓 지도자들의 특징은 모든 행동을 사람에게 보이기 위해 한다는 점입니다. 믿는 사람들은 하나님을 의식해야 합니다. 하나님이 어떻게 보실까? 하나님이 어떻게 생각하실까? 마땅히 그렇게 행동해야 할 바리새인들은 정반대로 행동했습니다. 하나님은 관심이 아예 없습니다. '사람들에게 어떻게 보일까'에만 관심이 집중되었습니다. 이것이 바로 외식입니다. 예수님께서 그들의 외식된 행동 몇 가지를 지적합니다. 그들은 경문 띠를 넓게 했습니다. '경문'이란 출애굽기나 신명기 성경 구절을 쓴 종이를 넣은 조그만 상자입니다. 그들은 경문을 이마나 손목에 매고 다녔습니다. 늘 말씀을 가까이 하고 묵상하라는 명령에 순종하는 좋은 일이었습니다. 그런데 이들은 자신들이 경문을 차고 다닌다는 점을 자랑하기 위해 경문 띠를 넓게 만들어 사용했습니다. 또 옷술을 길게 했습니다. 옷술은 청색과 백색실을 꼬아 만든 것으로 겉옷 네 귀퉁이에 다는 실이었습니다. 율법을 사랑한다는 표시였습니다. 원래는 작고 짧았는데, 바리새인들은 이 실을 굵고 길게 만들어 달고 다녔습니다.

또한 이들은 잔치의 높은 자리, 회당의 높고 눈에 잘 띄는 자리에 앉는 것을 좋아했습니다. 시장통에서 사람들에게 문안 받는 것과 랍비라 칭함 받는 것을 좋아했습니다. 즉 대접, 명예, 이런 것들을 좋아했습니다.

거룩은 내적으로 죄 없는 상태를 말합니다. 그러나 내적으로 거룩하지 못한 사람이 거룩한 사람으로 인정받으려 할 때 할 수 있는 방법은 겉으로 거룩한 척 하는 길밖에 없습니다.

영적 분별하는 법

두 번째로 생각할 것은 영적으로 분별하는 법입니다. 성경은 우리에게 영적으로 분별할 것을 말씀합니다.

요한일서 4장 1절에, "사랑하는 자들아 영을 다 믿지 말고 오직 영들이 하나님께 속하였나 분별하라 많은 거짓 선지자들이 세상에 나왔음이라"고 기록되어 있습니다. 예수님은 종말 때 적그리스도와 거짓 선지자들이 난무할 것이라고 경고하시면서 늘 영적으로 깨어 근신하며 미혹되지 않도록 주의하라고 당부하셨습니다. 여러분 개개인은 각각 영적 분별의 책임을 가지고 있습니다.

첫째, 행위를 주의 깊게 관찰해야 합니다.
마태복음 7장에서 주님이 말씀하셨습니다.

"거짓 선지자들을 삼가라 양의 옷을 입고 너희에게 나아오나 속에는 노략질 하는 이리라 그들의 열매로 그들을 알지니 가시나무에서 포도를, 또는 엉경

퀴에서 무화과를 따겠느냐"(15, 16절).

여기서 열매는 사람의 행동을 의미합니다. 모든 행동에는 동기가 담겨 있습니다. 우리가 사람의 속은 들여다 볼 수 없지만, 행동을 통해 마음의 동기를 찾아낼 수 있습니다. 이게 바로 심리학의 원리이기도 합니다. 과거의 행동과 현재의 행동을 종합적으로 살펴보면 쉽게 그 사람이 참된 지도자인지 거짓 지도자인지 알 수 있습니다.

둘째, 사람의 본질을 파악해야 합니다.

행동을 관찰하여 알게 된 동기들을 분석해 보면, 그 사람의 본질을 알 수 있습니다. 참된 지도자는 동기가 순수하고 진실합니다. 그러나 거짓 지도자는 동기가 불순하고 악합니다. 겉모양은 똑같이 양이지만, 하나는 진짜 양이고 하나는 양의 탈을 쓴 이리입니다. 양은 동기가 동료 양들을 사랑하고 섬기는 것이지만, 이리는 양들을 잡아먹으려는 것입니다.

교회 안에는 근본적으로 선한 사람이 있고, 근본적으로 악한 사람이 있습니다. 이 말은 진실로 거듭나 참 신앙을 가지고 의롭게 살려는 사람이 있지만, 전혀 거듭나지 않고 사탄의 종으로서 늘 동기가 악한 사람이 있다는 뜻입니다. 알곡이 있고 쭉정이가 있다는 말입니다. 알곡과 쭉정이의 가장 중요한 차이점은 그 안에 생명이 있고 없다는 차이입니다. 참 지도자와 거짓 지도자의 차이도 마찬가지입니다. 그리스도의 생명이 있고 없고의 차이입니다. 참 지도자는 하나님의 종인데 반해, 거짓 지도자는 사탄의 종입니다. 그러니 참 지도자는 양들을 진심으로 사랑하고 교회를 어찌하든지 세우려고 합니다. 그러나 거짓 지도자는 양들을 전혀 사랑하지 않습니다. 해치고 잡아먹으려고만 합니다. 시험에 들게 하고 믿음에서 떠나게 합니다. 교회를 분열시키고 파괴시키는 일을 합니다.

예수님은 처음부터 바리새인들을 싫어하셨습니다. 처음부터 독사의 자식들아 하며 책망하셨습니다. 사랑의 주님다운 모습이 아니셨습니다. 왜 그랬을까요? 그들은 양이 아니라 이리였기 때문입니다.

가룟 유다와 베드로의 차이가 무엇입니까?

우리는 여기서 한 가지 명심할 것이 있습니다. 그것은 가룟 유다와 베드로의 차이점을 인식해야 한다는 점입니다.

두 사람은 함께 예수님의 열두 제자로 훈련을 받았습니다. 둘 다 큰 허물을 범했습니다. 가룟 유다는 예수님을 배반하여 팔아 넘겼고, 베드로는 세 번씩이나 예수님을 모른다고 부인했고 저주까지 했습니다. 그러나 예수님이 베드로는 택하여 다시 회복시키셨으나, 가룟 유다는 회복의 기회를 주지 않으셨습니다. 왜 그랬을까요? 가룟 유다는 처음부터 거듭난 사람이 아니고, 위장된 이리였기 때문입니다.

요한복음 6장 70절에 이런 말씀이 있습니다.

"예수께서 대답하시되 내가 너희 열둘을 택하지 아니하였느냐 그러나 너희 중의 한 사람은 마귀니라 하시니 이 말씀은 가룟 시몬의 아들 유다를 가리키심이라 그는 열둘 중의 하나로 예수를 팔 자러라."(요 6:70-71)

이 말씀은 공생애 초기에 하신 말씀입니다. 그는 원래 착한 사람이었으나 타락한 사람이 아닙니다. 그는 처음부터 마귀에게 붙잡힌 사람이었습니다. 그는 제자가 되기 위해 가장하고 예수님을 따랐던 사람입니다. 예수님은 그것을 다 아시고 그를 제자로 택하신 것입니다. 우리에게 교회 안에 이런 사람들이 항상 있다는 사실을 알려 주시기 위해 의도적으로 그렇게 했다고 저는 생각합니다. 그는 마귀였기에 마음의 동기가 늘 불순했습니다.

어떤 여인이 비싼 향유 옥합을 깨뜨렸을 때 '왜 저렇게 낭비하는가? 그것으로 많은 가난한 사람들을 구제하면 더 좋았을 텐데.' 하고 말했지만, 사실은 가난한 사람을 사랑해서 한 것이 아니라, 그 돈을 훔치려고 했다고 성경은 설명해 주고 있습니다. 이것이 바로 가룟 유다의 '동기(motive)'였습니다.

그러나 베드로는 전혀 다릅니다. 그는 진실로 예수님과 함께 죽을 각오를 했습니다. 그의 말은 진심이었습니다. 그러나 문제는 그가 인간의 의지와 힘으로 하려고 노력한 것입니다. 그래서 실패한 것입니다. 그가 만일 진실 된 믿음과 성령의 능력을 의지하였다면 실패하지 않았을 것입니다. 그는 치명적인 허물을 범했으나, 예수님은 용서해 주셨습니다. 그의 동기가 순수했기 때문입니다. 그가 범죄한 것은 그의 악함 때문이 아니라, 그의 연약함 때문이었습니다. 예수님은 우리의 연약함을 책망하지 않으십니다.

우리는 부족하고 허물투성이입니다. 지도자나 형제가 나에게 잘못할 수 있습니다. 실수할 수 있고 실패할 수가 있습니다. 그때 살펴야 할 것은 그 사람의 '동기(motive)'입니다. 약함에서 비롯된 실수와 실패는 그가 참 지도자가 아니라는 증거가 아닙니다. 그도 인간이고 그도 예수님이 필요한 사람이라는 증거일 뿐입니다. 그 사람에게 필요한 것은 우리의 기도요 격려요 용서입니다.

그러나 그의 잘못과 실패가 악함에서 비롯된 것이고, 그의 악함이 계속 반복된다면 그는 거짓 지도자요 마귀의 자식이라는 증거입니다. 그런 사람은 하나님이 교회에 주신 권위로 징계를 하고 치리를 해야 합니다.

참된 지도자, 섬기는 리더십의 비전

말씀을 마치면서 살펴볼 것은 참된 지도자의 특징입니다.
11절, 12절입니다.

"너희 중에 큰 자는 너희를 섬기는 자가 되어야 하리라 누구든지 자기를 높이는 자는 낮아지고 누구든지 자기를 낮추는 자는 높아지리라."(11,12절)

참된 지도자란 섬기는 사람입니다. 종처럼 낮아져서 형제와 자매를 섬기는 자가 참된 지도자입니다. 섬기되 사람들 눈에 보일 때만 섬기는 척하는 사람이 아니라, 사람이 보든 안 보든 변함없이 지속적으로 진실된 마음으로 섬기는 사람입니다.

리더십 연구의 권위자인 달라스 신학교의 하워드 헨드릭스 교수님은 '현대의 위기는 리더십의 위기' 라고 말했습니다. 교회의 위기는 바로 리더십의 위기입니다. 교회에 참된 사람들이 지도자가 되어야 합니다.

교회의 리더는 교인들에 의해 선출됩니다. 교인들은 영적 분별력을 가지고 올바른 지도자를 세워야 할 책임이 있습니다. 또한 우리는 참된 지도자를 절실히 필요로 하는 이 시대에 겸손히 섬기는 지도자들이 되는 비전을 가져야 합니다. 하나님께서 인정하시고 사용하시는 훌륭한 지도자가 되시기를 예수님의 이름으로 축복합니다.

31 그러므로 내가 너희에게 이르노니 사람에 대한 모든 죄와 모독은 사하심을 얻되 성령을 모독하는 것은 사하심을 얻지 못하겠고
32 또 누구든지 말로 인자를 거역하면 사하심을 얻되 누구든지 말로 성령을 거역하면 이 세상과 오는 세상에서도 사하심을 얻지 못하리라
33 나무도 좋고 열매도 좋다 하든지 나무도 좋지 않고 열매도 좋지 않다 하든지 하라 그 열매로 나무를 아느니라
34 독사의 자식들아 너희는 악하니 어떻게 선한 말을 할 수 있느냐 이는 마음에 가득한 것을 입으로 말함이라
35 선한 사람은 그 쌓은 선에서 선한 것을 내고 악한 사람은 그 쌓은 악에서 악한 것을 내느니라

마태복음 12:31-35

악한 사람과 약한 사람

본문 : 마태복음 12:22-37

신앙의 입구가 막힌 사람을 보십시오

하루는 사람들이 매우 불쌍한 사람을 예수님께 데려왔습니다. 귀신 들려 고생하는 사람이었습니다. 귀신은 그 사람을 완전히 장악하여 말을 못하게 하고 눈을 멀게 하였습니다. 앞을 못 보고 말을 못하니 전혀 사람 구실을 할 수 없었고 사람답게 살 수 없는 상태였습니다. 참으로 비참하고 불쌍한 사람이었습니다. 예수님은 이 사람에게서 귀신을 쫓아내고 말하고 볼 수 있게 해 주셨습니다. 초대 교부 크리소스톰은 이 사건의 의미를 이렇게 설명해 주었습니다. "마귀는 이 사람의 신앙의 입구를 모두 닫아버려 눈으로 보지 못하고 귀로 듣지 못하게 하였으나, 그리스도는 그것을 다 열어주셨다."

귀신들렸던 사람은 오랫동안 복음을 들을 수 있는 통로가 완전히 차단되어 있었던 것입니다. 마귀는 이 사람에게만 역사하는 것이 아닙니다. 지금도 계속해서 사람들이 십자가의 복음을 듣지 못하게 귀를 막고, 예수님을 볼 수 없게 눈을 막고 있습니다. 우리는 마귀의 존재와 역사를 인식해야 합니다. 마귀는 이처럼 사람들의 귀와 눈을 멀게 만들어, 복음을 듣지 못하게 합니다.

왜 예수님의 기적을 보고 두 가지 다른 반응이 나올까요?

예수님께서 귀신들린 사람을 고쳐주셨을 때, 현장에 있던 사람들은 두 가지 반응을 나타냈습니다.

첫 번째 반응은 무리들의 반응입니다. 이들은 다 놀라면서 "이는 다윗의 자손이 아니냐?"라고 말했습니다. '다윗의 자손' 이란 하나님께서 보내 주시겠다고 약속하신 구원자, 그리스도라는 뜻입니다. 즉 이들은 기적을 보며, 예수님이 그리스도가 아니냐고 하며 기뻐 외쳤습니다.

두 번째 반응은 바리새인들의 반응입니다. 바리새인들은 예수님이 귀신의 왕 바알세불을 힘입어 쫓아낸 것이라고 혹평했습니다. 하나님의 역사가 아니라 마귀의 역사라는 말입니다. 예수님이 그리스도가 아니라, 귀신에 붙잡혀 귀신의 힘으로 이상한 기적을 행하는 사람이라는 말입니다.

이렇게 동일한 기적을 보고도, 정반대의 반응이 나타나는 것은 무슨 차이일까요?

이 차이의 근본적인 원인은 무엇일까요? 이 근본적인 차이에 대해 생각해 보고자 합니다.

사함 받는 죄와 사함 받지 못하는 죄

예수님께서 "내가 바알세불의 힘을 힘입어 귀신을 쫓아낸 것이 아니라, 하나님의 성령을 힘입어 귀신을 쫓아낸 것"이라고 말씀하셨습니다. 바리새인들의 말이 틀렸음을 지적하시는 말씀입니다. 그러면서 죄에는 사함 받는 죄와 사함 받지 못하는 죄가 있다고 설명해 주셨습니다.

"그러므로 내가 너희에게 이르노니 사람에 대한 모든 죄와 모독은 사하심을 얻되 성령을 모독하는 것은 사하심을 얻지 못하겠고 또 누구든지 말로 인자를 거역하면 사하심을 얻되 누구든지 말로 성령을 거역하면 이 세상과 오는 세상에서도 사하심을 얻지 못하리라"(31, 32절).

예수님의 말씀에 의하면 사함 받는 죄는 사람에 대한 모든 죄와 모독, 심지어 예수님을 거역하는 죄까지 포함됩니다. 그러나 사함 받지 못하는 죄는 '성령을 모독하는 죄', '말로 성령을 거역하는 죄'입니다. 예수님은 지금 바리새인들이 성령께서 하시는 일을 마귀가 하는 일이라고 모독한 행위는 영원히 사함 받지 못하는 죄임을 분명히 경고하고 있습니다.

> 사함 받지 못하는 죄는
> '성령을 모독하는 죄',
> '말로 성령을
> 거역하는 죄'입니다.

마태복음 23장에서 예수님께서 하신 말씀을 보면 우리는 바리새인들의 죄가 무엇인지를 확실히 알 수 있습니다.

"화 있을진저 외식하는 서기관들과 바리새인들이여 너희는 천국 문을 사람들 앞에서 닫고 너희도 들어가지 않고 들어가려 하는 자도 들어가지 못하게 하는도다 화 있을진저 외식하는 서기관들과 바리새인들이여 너희는 교인 한 사람을 얻기 위하여 바다와 육지를 두루 다니다가 생기면 너희보다 배나 더 지옥 자식이 되게 하는도다"(마 23:13-15).

그들은 단순히 예수님이 미워서 대적하고 죽이려 한 것이 아닙니다. 그들 속에 믿음이 없고, 오히려 악으로 가득 차서 하나님의 일을 훼방하고 있었던 것입니다.

선한 사람과 악한 사람

예수님은 이어서 두 번째 교훈을 주십니다. 사람은 선한 사람과 악한 사람 두 종류가 있다는 가르침입니다.

"나무도 좋고 열매도 좋다 하든지 나무도 좋지 않고 열매도 좋지 않다 하든지 하라 그 열매로 나무를 아느니라"(33절).

좋은 나무는 좋은 열매를 맺기 마련이고, 나쁜 나무는 나쁜 열매를 맺기 마련입니다. 열매는 곧 그 나무가 어떤 나무인지를 알려 줍니다. 사람도 마찬가지입니다. 행실을 보면 그 사람의 됨됨이를 알 수 있습니다. 열매를 보면 그 사람이 성령의 사람인지, 육체의 사람인지 쉽게 알 수 있습니다. 그런데 지금 바리새인들은 예수님의 이적을 보면서 성령으로 말미암은 것이 아니라, 마귀로 말미암은 것이라고 말하고 있습니다. 예수님은 바리새인들이 좋은 열매를 보면서도 나쁜 나무라고 말하는 잘못을 지적하십니다. 그것이 심각한 죄라고 책망하십니다. 다음 구절에서 예수님은 바리새인들의 죄의 근본 원인을 설명해 주십니다.

"독사의 자식들아 너희는 악하니 어떻게 선한 말을 할 수 있느냐 이는 마음에 가득한 것을 입으로 말함이라 선한 사람은 그 쌓은 선에서 선한 것을 내고 악한 사람은 그 쌓은 악에서 악한 것을 내느니라"(34, 35절).

선한 사람은 선한 말을 하는 사람입니다. 악한 사람은 악한 말을 하는 사람입니다. 말이라는 것은 마음에 가득한 것을 입으로 표현하는 것입니다. 그래서 말은 마음에 가득한 것이 무엇인지를 알려줍니다. 평소에 선한 것을 많이 쌓아놓은 사람은 선한 말이 흘러나오고, 악한 것을 가득 채워놓은 사람은 악한 말이 흘러나오기 마련입니다. 지금 바리새인들이 악한 말을 하고 있는데, 그것은 그들의 마음속에 악으로 가득 차 있다는 증거일 뿐입니다.

우리는 여기서 성도들은 말을 바꾸기 전에 먼저 마음속에 채우는 것을 바꿔야 함을 깨닫게 됩니다. 마음에는 악으로 가득한데 입술만 고친다고 해결되지 않습니다. 근본적으로 마음에 선한 것으로, 신령한 것으로, 하나님의 말씀으로 가득 채워야 합니다. 이것을 다른 말로 성화를 위한 노력이라고 할 수 있습니다. 우리는 눈을 통해 마음속에 여러 가지를 집어넣습니다. 귀를 통해서도 집어넣습니다. 생각을 통해서도 집어넣습니다. 감각을 통해서도 집어넣을 수 있습니다. 그러므로 우리는 우리의 감각기관을 통제해야 합니다. 늘 말씀생활, 기도생활, 성도간의 교제를 통해 선한 것을 마음속에 쌓아야 합니다.

악한 사람과 악한 사람

예수님은 사랑과 자비가 풍성하신 분입니다. 사람들을 늘 긍휼히 여기시고 길이 참아 주시고 기다려 주십니다. 그런데 예수님께서 처음부터 시종일관 책망하고 멀리한 사람들이 있습니다. 바로 바리새인들입니다. 이들을 향해 '독사의 자식들'이라고 욕도 하셨고, 그들 속에 있는 탐심을 지적하기도 하셨습니다. 바리새인들의 누룩을 주의하라고 경계도 하셨습니다. 그런데 당시에 추악한 죄인으로 정죄 받던 세리와 창기들에 대해서는 늘 용납하시고 사랑으로 대해 주셨습니다. 똑같이 정죄 받아야 할 죄인들인데,

왜 예수님께서 한 부류는 사랑하셨고, 다른 한 부류는 미워하셨습니까? 우리 눈에 악한 사람으로 보이는 사람들 중에는 악한 사람이 아니라 약한 사람이 있음을 가르쳐 주기 위함이었습니다. 세리와 창기들은 약한 사람들이었지 악한 사람들이 아니었습니다. 세리들은 자기 민족을 착취하는 로마의 앞잡이들이었고, 창기들은 돈을 벌기 위해 자기 몸을 파는, 율법을 어기는 사람들이었습니다. 나쁜 사람들이 틀림없습니다. 그러나 이들은 가족을 위해, 자기 자신의 생명을 부지하기 위해 어쩔 수 없이 죄악 된 일을 행했던 것입니다.

예수님 당시에 남자들은 여자들을 학대하고 심한 성차별을 했습니다. 종교가 이런 학대를 합법화시켜 주었습니다. 유명한 유대교 랍비 중에 힐렐이란 사람이 있었습니다. 힐렐과 그를 따르는 제자들은 하나님의 율법을 이렇게 해석했습니다. "아내가 아침에 빵을 태워도 이혼사유가 된다. 더 기쁘게 해주는 애인을 만나게 되어도 이혼사유가 된다." 이런 저런 사유를 들어 아내를 버리는 사람들이 많았습니다. 당시 이혼당한 여인들은 갈 곳이 없었고, 먹고 살 길이 막막했습니다. 한 가지 할 일이 있었는데 그것은 몸을 파는 일이었습니다. 참으로 불쌍한 사람들이었습니다. 이들은 자신이 행하는 죄악을 괴로워했습니다. 더 이상 죄악을 행하고 싶지 않았으나 달리 살 길이 없었습니다. 그러한 여인들의 아픔과 속마음을 주님이 아셨고, 그래서 그들을 위로하셨습니다. 그들은 악한 사람들이 아니라 약한 사람들이었습니다.

세리들도 비슷한 부류의 사람들입니다. 나라가 로마의 식민통치하에 있었고, 너무 가난하여 일자리가 별로 없었습니다. 가족을 부양하고 먹고 살기 위해 이들은 세리가 되었습니다. 로마제국은 세리들에게 나라에서 정한 세금을 징수하여 바치도록 요구하였으나, 별도로 월급을 주지 않았습니다.

세리들은 할 수 없이 세금 외에 더 부과하여 자기 생활비를 챙길 수밖에 없었습니다. 그래서 욕먹은 것입니다. 그러나 세리 중에는 마태 같은 사람들이 많았습니다. 늘 양심의 가책을 느끼며 괴로워했습니다. 어느 날 예수님께서 제자로 부르실 때, 주저 없이 나섰던 마태의 행동을 통해 우리는 이 사실을 확인할 수 있습니다.

우리는 선한 사람이지만 약한 사람들입니다

우리는 교회 안에서 서로 정죄하고 비판하는 경향이 있습니다. 형제의 잘못과 허물을 덮어 주지 못하고 들추어내기를 좋아합니다. 우리는 연약한 존재들이기 때문에 쉽게 시험에 빠져 범죄하고 넘어집니다. 악해서 범죄한 것이 아니라 약해서 범죄한 것입니다. 예수 믿고 난 이후에도, 예수를 10년, 20년 믿어도 여전히 약한 사람들입니다. 악해서 범죄한 것이 아니라 약해서 범죄한 것입니다.

요즘 이혼율이 크게 상승하여 우리 주위에 이혼한 분들이 많이 있습니다. 교회 안에도 점점 많아지고 있습니다. 그런데 교회 안에서 이혼한 사람들을 바라보는 시선이 곱지 않습니다. 뒤에서 수군수군하는 사람들이 있습니다. 이혼한 사람들 대부분은 악한 사람들이 아니라 약한 사람들입니다. 이 분들 중에는 이혼당한 사람들이 많습니다. 이혼을 선택할 수밖에 없는 사람들이 많습니다. 가정폭력, 횡포, 무책임, 배우자로서 불성실, 외도 같은 환경을 참고 또 참고, 견디고 또 견디다 더 이상 견딜 수 없어서 이혼한 분들이 많습니다. 이 분들은 악한 사람들이 아닙니다. 약한 사람들입니다. 피해자들입니다. 손가락질해야 하는 사람이 아니라, 위로하고 감싸주어야 할 사람들입니다. 예수님께서 세리와 창기들을 사랑으로 위로하고 격려한 것처

> 악해서 범죄한 것이
> 아니라 약해서
> 범죄한 것입니다.

럼 우리도 그렇게 행해야 합니다.

교회 안에 악한 사람들을 이렇게 대해야 합니다.

교회 안에 바리새인 같은 사람들이 있습니다. 열심도 있고 성경지식도 많으나 거듭나지 못한 사람들이 있습니다. 전통을 주장하고 잘못된 신앙으로 교회를 해치는 사람들이 있습니다. 신실한 주의 종을 대적하는 악인들이 있습니다. 사도 바울이 후배 목회자 디모데에게 이렇게 권면하고 있습니다.

"구리 세공업자 알렉산더가 내게 해를 많이 입혔으매 주께서 그 행한 대로 그에게 갚으시리니 너도 그를 주의하라 그가 우리 말을 심히 대적하였느니라"(딤후 4:14-15).

사도 바울은 자기를 심히 괴롭힌 알렉산더를 주의할 것을 디모데에게 가르쳐주고 있습니다. 그러나 그는 대항하지 않았습니다. 같이 더불어 논쟁하거나 싸우지 않았습니다. 끝까지 선으로 악을 대했습니다. 하나님의 공의로운 심판에 모든 것을 맡겼습니다. 악한 사람은 사랑으로 용납하고 포용하는 대상이 아닙니다. 악한 사람은 공동체가 조심하고 주의해야 할 대상입니다. 악한 사람을 대하는 태도와 약한 사람을 대하는 태도가 이렇게 달라야 함을 가르쳐주고 있습니다.

교회생활에서 영적 분별력이 필요합니다

우리는 교회에서 신앙 생활할 때 교인들을 분별할 수 있는 영적 분별력이 필요합니다. 선한 사람과 악한 사람을 분별해야 합니다. 악한 사람을 볼 때, 바리새인 같은 악인과 세리 같은 약한 사람을 분별해야 합니다. 악한 사람은 경계하며 주의해야 합니다. 바리새인의 누룩이 온 교회에 퍼지지 않도록 기도와 말씀으로 싸워야 합니다. 그러나 약한 사람은 주님의 사랑으로 용납하며 위로해야 합니다. 데살로니가전서의 말씀으로 설교를 마치고자 합니다.

"또 형제들아 너희를 권면하노니 게으른 자들을 권계하며 마음이 약한 자들을 격려하고 힘이 없는 자들을 붙들어 주며 모든 사람에게 오래 참으라"(살전 5:14).

악한 사람은 경계하며 주의해야 합니다.
약한 사람은 주님의 사랑으로 용납하며 위로해야 합니다.

6 거룩한 것을 개에게 주지 말며 너희 진주를 돼지 앞에 던지지 말라 그들이 그것을 발로 밟고 돌이켜 너희를 찢어 상하게 할까 염려하라

마태복음 7:6

Chapter 10

돼지와 진주

본문 : 마태복음 7:6

왜 영적 분별력이 필요한가?

본문 말씀은 전후 구절들과 문맥이 맞지 않는 것처럼 보입니다. 바로 앞에 있는 1-5절의 주제는 '비판하지 말라' 입니다. 뒤에 이어지는 8-12절의 주제는 '기도' 입니다. 이 둘 사이에 "거룩한 것을 개에게 주지 말며 너희 진주를 돼지 앞에 던지지 말라"는 말씀이 왜 삽입되어 있습니까? 이 말씀은 영적 분별에 관한 가르침입니다. 이것은 앞에 나오는 비판하지 말라는 교훈을 보완해 주는 귀한 가르침입니다. 우리가 비판하지 말라고 해서 어떤 것이 옳고 그른 것을 판단하지 않으면 우리 자신의 삶에 일대 혼란이 오고 사회 전체에 질서가 무너지고 말 것입니다. 특히 신앙생활이란 선택과 결정의 연속인데 올바른 판단을 하지 않는다면 신앙은 방향을 잃고 표류하게 될 것입니다.

제가 미국에 유학 와서 첫 여름방학 때 3개월간 보석가게에서 아르바이

> 올바른 판단을 하지 않는다면 신앙은 방향을 잃고 표류하게 될 것입니다

트를 한 적이 있습니다. 그때 보석에 대해 조금 배우게 되었습니다. 보통 사람은 얼핏 보아서 다이아몬드와 큐빅을 거의 구별하지 못합니다. 그러나 다이아몬드 테스터기를 대보면 진짜는 불이 들어오면서 삑 소리가 납니다. 비전문가는 그렇게 구별합니다. 그러나 전문가들은 육안으로 진짜와 가짜를 구별해 냅니다.

크기가 동일한 1 캐럿짜리 다이아몬드라도 물건에 따라 값이 천차만별입니다. 싼 것은 2천불 정도밖에 안 되지만 비싼 것은 만 불 이상 됩니다. 다이아몬드를 감정하는 네 가지 기준이 있습니다. 다 영어 C로 시작되기 때문에 4C라고 합니다.

첫째, Clarity(투명도)입니다. 전문가가 10배 확대현미경으로 봐도 속에 흠이 하나도 없는 것이 가장 좋은 것입니다. 약 10가지 등급으로 나눕니다.

둘째, Color(색상)입니다. 아무 색깔이 없는 무색 다이아가 가장 좋은 것입니다.

셋째, Cut(각도)입니다. 각도가 잘 깎여 있어야 빛이 그대로 반사되어 나오므로 매우 아름답게 반짝이게 됩니다.

마지막으로, Carot(크기)입니다. 다이아가 클수록 비싸게 됩니다.

이 네 가지 기준에 따라 다이아의 가치가 결정되게 됩니다. 그런데 우리 같은 보통사람들은 그냥 봐서는 전혀 모릅니다. 전문교육과 훈련을 받은 감정사들이 보아야 합니다. 이처럼 분별이란 쉬운 일이 아닙니다.

영적 의미 바로 알기

본문을 다시 한 번 보시기 바랍니다.

"거룩한 것을 개에게 주지 말며 너희 진주를 돼지 앞에 던지지 말라 그들이 그것을 발로 밟고 돌이켜 너희를 찢어 상하게 할까 염려하라”

이것은 명령형으로 되어 있습니다. 주님이 명령하십니다. ‘거룩한 것을 개에게 주지 말며 진주를 돼지 앞에 던지지 말라.’

개와 돼지의 영적 의미

거룩한 것을 개에게 주거나 값비싼 진주를 돼지에게 던지는 사람은 없습니다. 주님이 그 것을 말하는 것은 아닐 것입니다. 그렇다면 이 것은 영적으로 한 말씀입니다. 개, 돼지는 무엇 을 뜻합니까? 주님은 자주 짐승들을 가르침에

사용하셨습니다. 바리새인들을 가리켜 ‘독사의 자식들아’ 라고 책망하셨 고, 헤롯 왕을 가리켜 ‘여우’ 라고 하신 적도 있습니다. 여기서는 어떤 사람 들을 개와 돼지라고 지칭하고 있는 것입니다. 우리가 이런 말들을 흔히 합 니다. “그 사람은 개, 돼지만도 못한 놈이야.”, “네가 개, 돼지냐. 왜 말귀를 못 알아듣냐?”

여기서 예수님이 지칭하는 개는 집에서 애완용으로 기르는 개가 아닙니 다. 길거리를 돌아다니면서 쓰레기통을 뒤지고 온 동네를 지저분하게 만들 며 몰려다니는 개들을 말합니다. 유대인들은 깨끗하지 못한 사람들을 경멸 할 때 개라는 말을 사용했습니다. 구약에서는 몸 파는 남자, 즉 창남을 개 라고 불렀습니다. 돼지는 이스라엘 사람들이 가장 불결하게 여기는 짐승이 었습니다. 부정 타기 때문에 전혀 돼지고기를 먹지 않았습니다.

따라서 여기서 말하는 개, 돼지는 영적으로 더러운 사람들을 말합니다. 거듭나지 못해서 전혀 영적인 것을 깨닫지 못하고 알지 못하는 사람들을 의미합니다. 또한 알지 못할 뿐 아니라 영적인 것을 대적하는 사람들을 지

칭합니다. 이 교훈을 직접 들었던 베드로는 자신이 쓴 베드로후서 2:22에서 거짓 선지자들을 개, 돼지에 비유하고 있습니다.

"참된 속담에 이르기를 개가 그 토하였던 것에 돌아가고 돼지가 씻었다가 더러운 구덩이에 도로 누웠다 하는 말이 그들에게 응하였도다."(벧후 2:22)

베드로는 이 앞부분에서 토하였던 것에 돌아가는 개나 목욕한 후에 다시 더러운 구덩이에 들어가는 돼지란 바로 거짓 선지자들이라고 설명하고 있습니다.

거룩한 것과 진주

이런 자들에게 주어서는 안 되는 거룩한 것과 진주는 무엇입니까? 이것은 각각 다른 것을 의미하는 것이 아니라, 성경의 진리, 복음의 진리, 하나님나라의 복음을 의미합니다. 마태복음 13장에서 천국을 좋은 진주를 구하는 장사에 비유하고 있습니다. 그 장사는 극히 값진 진주 하나를 만났을 때 자기 소유를 다 팔아 그 진주를 샀습니다. 이 진주가 바로 천국의 복음, 구원의 진리를 의미합니다.

그러므로 주님의 명령은 이런 뜻입니다. 진주같이 귀한 천국의 복음, 성경의 진리를 개나 돼지 같은 거짓 선지자들이나 영적으로 더러운 자들에게 주지 말고, 그것을 귀하게 간직하고 있다가 그것이 꼭 필요한 사람에게 주라는 것입니다.

영적으로 분별하라

개, 돼지를 분별하라

그러면 우리는 이런 질문을 갖게 됩니다. 사람들 가운데 어떤 사람이 우리가 경계해야 할 개, 돼지 같은 사람인가? 그리고 그런 사람들을 어떻게 분별할 수 있는가?

예수님께서는 우리에게 원수를 사랑하고 우리를 핍박하는 자를 위해 기도하고 축복하라고 말씀하셨습니다. 그러나 동시에 이단에 속한 자들은 한두 번 훈계한 후에 멀리하고 사귀지 말라(살후 3:14, 딛 3:10-11)고 하셨습니다. 또한 만천하에 다니며 모든 족속에게 복음을 전하라고 명령하신 동시에, 전도하기 위해 한 동네에 들어갔는데 그 동네가 복음을 받아들이지 않을 경우에 신발에 묻은 먼지를 털어버리라고 말씀하셨습니다. 이처럼 성경은 우리에게 영적으로 분별할 것을 명령하고 있습니다. 요한일서 4:1에, "영을 다 믿지 말고 오직 영들이 하나님께 속하였나 분별하라"고 기록되어 있습니다.

우선적으로 이단교리를 주장하고 가르치는 사람들을 분별해야 합니다. 이단들은 성경의 진리를 왜곡하여 가르칩니다. 이들은 하나님을 부정하거나 예수님을 부인합니다. 이단으로 규정된 단체의 리더나 거기에 소속되어 있는 사람들을 멀리해야 합니다. 또한 이단하고 상관은 없으나 전혀 복음을 받아들이려고 하지 않고 하나님의 존재 자체를 부정하며 심하게 하나님과 교회를 대적하는 사람을 멀리해야 합니다.

불신자들 가운데 예수님을 믿을 사람인지 아닌지를 분별하는 것은 쉬운 일이 아닙니다. 물론 우리는 그들이 다 예수 믿을 사람으로 알고 최선을 다해 복음을 전해야 합니다. 그러나 개중에는 심하게 하나님을 모독하고 기독교를 비방하고 훼방하는 사람들이 있습니다. 끝까지 구원받지 못하는 자들이 있습니다. 이들에게는 거룩한 것과 진주를 주지 말아야 합니다.

예수님의 본을 따라

예수님께서 이 부분에서 본을 보여 주셨습니다. 예수님은 사람에 따라 다르게, 또 타입에 따라 다르게 대하셨습니다.

누가복음 23장에서 주님이 십자가에 달리시기 전에 빌라도와 헤롯에게 심문을 받으셨을 때, 전혀 상반되는 태도를 보이셨습니다. 빌라도가 네가 유대인의 왕이냐고 물었을 때, 주님은 "네 말이 옳도다"라고 대답하셨습니다. 그러나 후에 헤롯이 여러 가지 질문했지만, 주님은 아무 말도 대답하지 않으셨습니다. 왜냐하면 헤롯은 그저 호기심으로 예수님을 만나보고자 했고, 구경거리 삼아 이적 행하시는 것을 보고 싶어 하는 태도를 가지고 있었지만, 반면에 빌라도는 비록 예수님을 십자가형에 언도했으나 예수님에 대해 정확히 이해하고 공정히 심판하고자 하는 진지한 태도를 가지고 있었기 때문입니다.

사도들의 모범을 따라

사도들도 마찬가지로 본을 보여 주었습니다. 사도 바울이 비시디아 안디옥이라는 곳에서 복음을 전할 때 많은 사람들이 모였습니다. 그러자 유대인들이 시기하여 비방하고 방해하기 시작했습니다. 그러자 바울은 이렇게 말하며 그곳을 떠납니다.

"하나님의 말씀을 마땅히 먼저 너희에게 전할 것이로되 너희가 그것을 버리고 영생을 얻기에 합당하지 않은 자로 자처하기로 우리가 이방인에게로 향하노라"(행 13:46).

그들이 복음을 받아들이려는 자세가 전혀 없고 오히려 마음이 완악하여 하나님을 대적할 때 바울은 미련 없이 다른 곳으로 떠나고 맙니다. 그들에게 천국의 진주를 던지지 않았습니다.

진주를 귀하게 여기고 함부로 주지 말라

예수님과 사도들의 예에서 보았듯이, 우리도 상황과 사람을 분별하여 복음을 전해야 하겠습니다. 교회 밖에서도 조심해야 하지만 교회 안에서도 조심해야 합니다. 구원의 확신이 없는 사람, 거듭나지 못한 사람에게 교회의 직분을 주는 것도 진주를 돼지에게 주는 것과 같은 일입니다. 교회사를 보면, 영적 개, 돼지 같은 자들이 교회에 들어옴으로 환난을 당하게 되었던 사실을 반복해서 알려주고 있습니다.

구원의 확신도 없고 믿음이 없는 사람에게 교회의 제직을 맡기고 중직을 맡기면 많은 문제가 생기게 됩니다. 교회 직분은 반드시 믿음과 지혜와 성령이 충만한 사람에게 주어야 합니다. 돈 있고 사회적 지위가 있다고 장로를 시키고 집사를 시킨 결과가 바로 오늘날 한국교회의 모습 아닙니까? 앞으로 여러분이 선거할 때 정말 바로 해야 합니다. 거룩한 것과 진주를 개나 돼지에게 주어서는 결코 안 됩니다.

젊은 목회자들이 존경하는 홍정길 목사님이 계십니다. 그 분이 섬기는 교회에서 사찰 집사님이 장로로 선출된 적이 있다고 합니다. 지금은 다른 교회를 섬기지만 남서울교회는 큰 교회로 박사도 많고, 사장도 많고, 장관도 있는 교회입니다. 그 교회에서 가난하고 별로 내세울 것이 없는 사찰집사님이 장로가 되었습니다. 교회는 이래야 됩니다. 믿음이 기준이 되어야 합니다.

영적 분별이 필요한 시대

우리는 영적 분별이 필요한 시대에 살고 있습니다. 종말이 가까워지면서 이단이 점점 많아지고 있습니다. 주님은 마지막 때가 되면 적그리스도와 거짓 선지자가 난무할 것이라고 경고하셨습니다. 우리나라에만 자칭 예수라는 사람이 200명이 넘는다고 합니다. 우리 하나님께서 친자 확인하시느라 매우 바쁘실 것 같습니다. 옛날과 달리 요즘 이단은 매우 교묘하여서 식별하기가 매우 어렵습니다. 그러므로 더욱 조심해야 하는 때에 우리가 살고 있습니다.

영적 분별력을 기르는 법

마지막으로 살펴볼 것은 영적 분별력을 기르는 법입니다.

첫째, 말씀을 배워야 합니다.

다이아몬드 감정사가 공부와 훈련을 통해 감정하는 능력을 갖게 되듯이, 우리는 말씀을 배워야 합니다. 말씀은 하나님의 영적인 진리로 가득 차 있기 때문입니다. 말씀을 부지런히 읽고 성경공부에 열심을 내야 합니다.

말씀 가운데 예수님이나 사도들이 본을 보여 주신 것을 잘 연구하면 큰 도움이 됩니다. 성경의 진리는 그 깊이가 매우 심오합니다. 어떤 것은 우유같이 부드럽고 소화가 잘되는 진리가 있고, 어떤 것은 단단한 고기처럼 먹기가 어려운 진리가 있습니다. 초신자들에게는 우유 같은 진리를 주어야 하고, 성숙한 성도들에게는 고기 같은 깊은 진리를 주어야 합니다. 히브리서에 보면 아브라함이 십일조를 드렸던 멜기세덱이 누구인가에 대한 설명이 나옵니다. 이때 이 진리는 매우 영적으로 깊이가 있고 어려운 것이어서 믿음이 초보단계에 있는 자들은 이해할 수 없다고 말씀합니다. 사람의 영적 수준에 맞게 말씀의 진리를 가르쳐주는 지혜를 성경을 통해 배울 수 있습니다. 목사와 신학자들은 이 분별훈련을 받은 영적 분별의 전문가들이라

할 수 있습니다. 여러분이 잘 모를 때 이런 영적 전문가들에게 물어 보시는 것이 필요합니다.

둘째, 은사를 받아야 합니다.

성령의 은사 가운데 영 분별의 은사가 있습니다. 이는 특별한 은사입니다. 꾸준한 신앙생활, 지속적인 기도와 말씀생활을 통해 우리는 신앙의 뿌리를 견고히 내릴 수 있습니다. 이런 분들은 영적 분별력을 갖게 됩니다.

거룩한 것과 진주를 이미 소유한 사람들

영적 분별력을 가지고 하나님이 우리에게 맡기신 진주와 같은 복음의 진리를 꼭 필요한 사람들에게 잘 나누어 주어야겠습니다.

이 구절에서 한 가지 감사한 것을 깨닫게 됩니다. 그것은 우리가 개나 돼지 같은 사람들이 아니라는 사실입니다. 우리는 하나님의 은혜로 이미 복음을 믿고 예수님을 영접한 사람들입니다.

예수님께서 우리를 위해 십자가에서 대신 죽으시고 우리를 살려주셨습니다. 영적인 진리를 깨닫고 그 소중함을 인식한 사람들입니다. '거룩한 것'과 '진주'를 이미 소유한 사람들입니다. 아직도 우리 주위에는 전혀 복음을 듣지 못해 이 '진주'를 받지 못한 이들이 많이 있습니다. 이들에게 복음의 진주를 나누어 줄 책임이 우리에게 있습니다. '거룩한 것'과 '진주'를 올바른 사람들에게, 꼭 필요한 사람들에게 나누어 줄 수 있는 영적 분별력을 얻기 위해 기도해야 합니다.

사랑하는 성도 여러분!

이 시대가 필요로 하는 정확하고 탁월한 영적 분별력의 소유자가 되시기를 축원합니다.

21세기, 신유목민 시대 당신은 어디에 있습니까?

하나님은 특별한 곳에서 특별한 일을 행하십니다.

기도의 자리에서 하나님을 만나십시오.

하나님을 향해 간구할 때, 선하고 거룩하게 살 수 있습니다.

우리는 항상 영적 경계선에서

하나님의 일과 사람의 일을 구별해야 합니다.

지금 세계의 선교 현장에서 이뤄지는

국경 없는 오병이어의 증인으로 사십시오.

여기 '장소를 아는 힘 '을 배우십시오.

Part 3
장소를 아는 힘

1 여호와께서 아브람에게 이르시되 너는 너의 고향과 친척과 아버지
의 집을 떠나 내가 네게 보여 줄 땅으로 가라
2 내가 너로 큰 민족을 이루고 네게 복을 주어 네 이름을 창대하게
하리니 너는 복이 될지라
3 너를 축복하는 자에게는 내가 복을 내리고 너를 저주하는 자에게는
내가 저주하리니 땅의 모든 족속이 너로 말미암아 복을 얻을 것이라
하신지라
4 이에 아브람이 여호와의 말씀을 따라갔고 롯도 그와 함께 갔으며
아브람이 하란을 떠날 때에 칠십오 세였더라

창세기 12:1–4

Chapter 11

축복의 땅

본문 : 창세기 12:1-9

사람이 어디서 태어나서 어디서 성장하였는가는 인생에 지대한 영향을 미칩니다. 태어나고 자란 곳의 언어와 문화, 풍습이 그 사람의 가치관과 인생의 방향을 결정하기도 합니다. 그 사람이 태어나 자란 곳에 따라, 서울 사람, 강원도 사람, 제주도 사람이라고 부릅니다. 성장한 곳에서 만난 사람들, 함께 시간 보낸 사람들이 곧 학연, 지연, 혈연관계를 형성합니다.

> 사람이 어디서 태어나서 어디서 성장하였는가는 인생에 지대한 영향을 미칩니다.

태어나는 곳은 부모가 선택할 수 있습니다. 같은 한국 사람이라도 한국에서 태어난 사람이 있고, 미국에서 태어난 사람이 있습니다. 이렇게 태어난 나라가 다를 경우에 인생의 방향도 크게 달라집니다. 미국에서 태어난 2세들은 영어에 능통하고 미국식 사고방식을 가지고 있기 때문에 미국 주류사회에 들어가 살 확률이 한국에서 살 확률보다 훨씬 높습니다.

성인이 되면 내가 사는 곳을 선택할 수 있습니다. 그래서 여러분은 지금 미국을 선택하고, 시카고를 선택해서 여기에 살고 있습니다. 이처럼 우리는 장소를 선택할 수 있고 장소를 옮겨서 살아갈 수 있습니다.

그런데 가끔 한 곳에 정착하지 못하고 계속 옮겨 다니는 분들이 있습니다. 미국에 이민 왔는데, 잘 적응하지 못해서 한국에 나갔다가, 다시 들어왔다가, 또 나갔다가 이렇게 마음을 정하지 못하고 옮기는 분들이 있습니다. 어떤 분들은 미국에 이민 와서 2, 30년 계속 살고 있지만 "내가 괜히 미국 왔다"고 후회하는 경우도 있습니다.

우리는 사는 장소를 옮겨야 할 때가 있습니다. 이 때 올바른 장소를 선택해야 합니다.

오늘은 장소에 대한 영적 분별력에 대해서 생각해 보겠습니다.

구약에 나타난 축복의 땅

아브라함과 장소에 대한 영적 분별력

아브라함은 장소를 옮긴 사람입니다. 그것도 아주 크게 옮긴 사람입니다. 그는 BC 2000년경 갈대아(지금의 이라크)에서 가나안(지금의 이스라엘)으로 이민을 간 사람입니다. 그는 사는 곳을 잘 옮겨서 성공한 케이스입니다.

"여호와께서 아브람에게 이르시되 너는 너의 고향과 친척과 아버지의 집을 떠나 내가 네게 보여 줄 땅으로 가라"(1절).

하루는 하나님께서 갈대아 우르에 살고 있던 아브라함에게 너는 고향, 네 아버지의 집을 떠나 내가 지시하는 땅으로 가라고 말씀하셨습니다. 그리고는 축복을 약속하셨습니다.

"내가 너로 큰 민족을 이루고 네게 복을 주어 네 이름을 창대하게 하리니 너는 복이 될지라"(2절).

이 약속을 말씀을 듣고 그는 순종하여 길을 떠났습니다. 그는 갈대아 우르를 떠나 하란으로 갔습니다. 그곳에서 잠시 살다가 아버지가 죽은 후에, 다시 길을 떠나 하나님이 지시하신 땅 가나안으로 갔습니다.

그가 하란을 떠날 때 75세였습니다. 이런 큰 결단을 하기에 젊은 나이는 아니었습니다. 그러나 그는 믿음으로 아내와 조카 롯을 데리고, 많은 종들과 가축들을 이끌고 가나안땅으로 갔습니다.

그가 얼마나 먼 길을 걸어갔는지 지도를 보면 이해할 수 있습니다. 갈대아 우르에서 하란까지 약 950km정도 됩니다. 그리고 하란에서 가나안까지는 약 600km정도 됩니다. 합치면 약 1,500km가 조금 넘습니다. 이 당시에 자동차가 없었으니, 걸어서 가야 합니다. 험한 길입니다. 여행 중에 위험을 당할 수도 있었습니다.

아브라함에게 더 어려웠던 것은 가장 문명이 발달한 도시를 버리고, 문명이 발달되지 않은 농촌 시골로 이민을 떠났다는 사실입니다. 갈대아 우르는 메소포타미아문명의 발상지로서 당대 가장 기술과 문명이 발달한 도시였습니다. 그러나 가나안땅은 농사짓고 목축하는 농촌이었습니다. 그런데 아브라함은 하나님의 약속을 믿고 이 길을 떠났던 것입니다.

그 땅에 도착했을 때, 하나님께서 아브라함에게 나타나셔서 "내가 이 땅을 네 자손에게 주리라"라고 말씀하셨습니다.

이 말씀대로 수백 년 후에 아브라함의 후손들은 이스라엘 민족을 형성하였고, 이 땅을 차지하였습니다. 아브라함은 하나님의 약속대로 큰 민족을 이루는 축복을 받았습니다. 물론 자기 당대에 풍성한 하나님의 축복도 누렸습니다. 그는 장소에 대한 영적 분별력을 가졌던 사람입니다.

롯과 장소에 대한 영적 분별력

다음에 살펴볼 사람은 아브라함의 조카 롯입니다.

그는 삼촌 아브라함과 함께 가나안 땅에 와서 살았습니다. 삼촌이 친아들처럼 돌보아 주었습니다. 하나님께서 아브라함의 가축들을 번성케 하시는 축복을 주셨을 때, 롯의 가축들도 같은 축복을 받았습니다. 함께 거주할 수 없는 상황이 되어서 두 사람은 분가하기로 결정했습니다. 롯은 물이 풍부한 요단 지역을 택했습니다. 거기서 살다가 소돔성으로 이주를 했습니다. 그런데 당시에 소돔성은 너무 문제가 많은 도시였습니다.

"아브람은 가나안 땅에 거주하였고 롯은 그 지역의 도시들에 머무르며 그 장막을 옮겨 소돔까지 이르렀더라. 소돔 사람은 여호와 앞에 악하며 큰 죄인이었더라"(창 13:12-13).

롯은 얼마 지나지 않아 큰 어려움을 겪게 되었습니다. 시날 왕을 비롯한 4개국 동맹군들이 소돔과 고모라성 지역을 쳐들어와서 성을 노략하고 많은 사람들을 잡아갔습니다. 이 때 롯도 함께 잡혀갔습니다. 재산도 모두 빼앗겼습니다. 이 소식을 들은 아브라함은 자기 집에서 훈련시킨 군인들을 데리고 추격하여 물리치고 롯을 구출해 내었습니다.

이 사건은 롯에 대한 하나님의 경고였습니다. 소돔에 살지 말고 나오라는 사랑의 메시지였습니다. 그러나 그는 이를 무시하고 계속 소돔에 살았습니다. 결국 후에 하나님께서 유황불로 소돔과 고모라성을 심판하셨습니다. 아브라함의 기도로 겨우 목숨만은 건졌습니다. 그러나 탈출 와중에 아내가 뒤를 돌아보아 소금기둥이 되었습니다. 조그만 도시에 가서 살았는데, 소돔성 심판의 두려움과 공포로 인하여 그는 거기서 살지 못하고, 두 딸과 함께 굴속에 들어가 살았습니다. 믿음이 없던 두 딸은 후손을 남기기 위하여 아버지에게 술을 먹여서 취하게 한 후에 아버지와 동침하여 아들을 낳았습니다. 큰 딸의 아들은 모압, 작은 딸의 아들은 암몬 자손의 조상이 되었습니다. 참으로 수치스런 일이 아닐 수 없습니다.

롯은 장소에 대한 영적 분별력이 없었기 때문에, 잘못된 장소선택을 하였고, 그 결과 아내를 잃어버리고, 열심히 모았던 전 재산을 잃어버리고, 두 딸들에게서 자식을 낳아 이스라엘과 적대관계인 모압과 암몬 족속을 만들어 버리고 말았습니다. 그는 실패한 인생을 살고 말았습니다.

신약의 장소에 대한 영적 분별력

예수님과 제자들

예수님께서 잡히시던 밤에 제자들에게 돌아가실 것과 부활하실 것을 미리 알려주셨습니다. 그 때 "내가 살아난 후에 너희보다 먼저 갈릴리로 가리라"고 말씀하셨습니다. 그리고 부활하신 날 새벽에 막달라 마리아에게 제일 먼저 나타나셨을 때에, "가서 내 형제들에게 갈릴리로 가라 하라 거기서 나를 보리라"라고 말씀하셨습니다.

부활하신 주님을 꼭 갈릴리에서 보아야 할까요? 예루살렘에서 보면 안 됩니까?

성경은 구체적으로 답을 주고 있지 않지만, 우리가 충분히 그 답을 알 수 있습니다. 부활하신 예수님은 갈릴리에서 여러 차례 제자들에게 나타나셨습니다. 그들에게 위로하고 확신을 주셨습니다. 베드로를 다시 세우시고 재파송하셨습니다. 마태복음 28장을 보시면 갈릴리에서 지상대명령을 주셨습니다.

부활하신 후 40일간 지상에 머무셨던 예수님께서 예루살렘 감람산에서 승천하셨습니다. 이 때 제자들에게 명령하셨습니다.

"예루살렘을 떠나지 말고 내게서 들은 바 아버지께서 약속하신 것을 기다리라!"(행 1:4).

이번에는 예수님께서 예루살렘을 떠나지 말라고 명령하십니다. 교회역사에서 매우 중요한 오순절 성령강림 사건이 며칠 후 일어나게 되는데, 그 장소가 바로 예루살렘이었습니다. 열두 제자들을 비롯한 120명이 예루살렘에서 동시에 성령세례를 받고 예수의 증인이 되는 것이 하나님의 뜻이었습니다. 예루살렘에서 시작하여 온 유대, 사마리아 그리고 땅 끝까지 복음이 전파되는 것이 하나님의 계획이었습니다.

그래서 예루살렘을 떠나지 말라고, 예루살렘에서 성령을 받으라고 명령하신 것입니다. 이처럼 장소는 매우 중요합니다.

하나님께서 특별한 일을 특별한 장소에서 행하시기 때문입니다.

> 하나님께서는 특별한 일을 특별한 장소에서 행하십니다.

21세기 신유목민 시대와 영적 분별력

우리가 살고 있는 21세기를 '신유목민 시대' 라고 이야기합니다. 과거 유목민들은 물과 초지를 따라 이동하며 살았습니다만, 이 시대에는 많은 사람들이 일자리를 찾아 이동하고 있습니다. 이 분야의 전문가요 세계적인 석학인 프랑스의 쟈크 아탈리에 의하면 앞으로 50년 내에 세계인구 중 10억 명이 타국에서 생활할 것이라고 합니다. 현재 2억 명이 타국살이를 하고 있는데, 인구의 20% 이상이 외국이주자들인 나라가 이미 41개 국이나 된다고 합니다. 현재 세계 인구의 1/6이 이동하며 살고 있다고 합니다. 아마 이 숫자는 국내에서 이동하는 사람들을 포함한 것 같습니다. 주로 직장을 찾아 이동하는 job nomad(직업 유목민)가 많지만, 보다 나은 자녀교육 환경을 찾아서 이동하거나, 자유를 찾아서 이동하는 경우도 많이 있습니다. 우리 교회만 보더라도, 최근 2, 3년 사이에 미국에서 타주나 한국으로, 또 한국에서 미국으로 이주하는 성도들이 많아졌습니다. 앞으로 더 많아질 것입니다.

우리나라의 1960년대 이후 현대사를 보면 사람들이 외국을 많이 옮겨 다녔습니다. 월남전 때 돈을 벌기 위해 월남에 간 분들이 있고, 독일에 간 호사와 광부로 간 분들이 있습니다. 중동에 건설붐이 일어났을 때 많은 분들이 해외취업을 나가서 큰 돈을 벌었습니다. 7, 80년대와 90년대에는 미국과 남미 이민바람이 불어서 수많은 사람들이 이주를 하였습니다. 2000년대에 들어서는 중국과 동남아 여러 나라에 이민 또는 이주하는 사람들이 많아졌습니다.

1990년 독일 통일이 되었을 때 수많은 동독사람들이 서독으로 이주하였습니다. 앞으로 우리나라가 통일이 되면 수많은 사람들의 이동이 있을 것입니다. 북한에서 남한으로 내려오는 사람, 한몫 잡겠다고 남한에서 북한으로 올라가는 사람, 미국을 비롯한 해외 한인디아스포라들 중에 북한에 들어가는 사람 등 수많은 사람들이 이동할 것입니다. 가히 '한민족 대이동'이 일어날 가능성이 높습니다.

장소를 분별하는 방법

이러한 21세기 신유목민 시대에 사는 우리들이, 또 앞으로 예상되는 남북통일시대에 우리가 장소를 옮겨야 하는지 안 해야 하는지, 옮긴다면 어디로 옮겨야 하는지를 어떻게 분별할 수 있습니까?

첫째, 하나님의 음성을 들어야 합니다.

아브라함은 분명한 하나님의 음성을 들었고, 그 음성에 순종하였습니다. 제자들도 예수님의 말씀을 듣고 순종하였습니다. 반면에 롯은 하나님의 음성이 없었는데, 스스로 판단하여 장소를 옮겼습니다. 그는 더 많은 돈을 벌기 위해, 더 편안하고 문명을 즐기는 삶을 위해 잘못된 장소 선택을 하였습니다.

둘째, 소명과 사명을 따라 분별해야 합니다.

하나님께서 우리 각자에게 주신 소명, 즉 부르심이 있습니다. 어떤 분은 사업가로, 어떤 분은 교사로, 어떤 분은 social worker로, 어떤 분은 사업가로, 어떤 분은 의사와 간호사로, 어떤 분은 주부로 각각 부르심이 있습니다.

사명은 소명보다 구체적인 것입니다. 소명이 평생에 걸친 장기적인 것이라면, 사명은 단기적인 것이라고 할 수 있습니다. 예를 들어, 학교 교사로

부름 받아서 미국의 학교에서 일하고 있는데, 하나님께서 선교지에 가서 그곳의 학생들을 가르치라고 할 때, 이것을 새로운 사명이라고 할 수 있습니다.

셋째, 핵심가치에 따라 분별해야 합니다.

하나님께서 인도해 오신 인생을 살아오는 동안 각자에게 형성된 핵심가치들이 있습니다. 가정, 교회, 애국, 공의, 사랑, 행복, 성공, 의리 등 내가 가장 중요하다고 생각하는 가치가 있습니다. 예를 들어, 타주에 더 좋은 조건의 직장이 나왔을 때, 나의 가치가 가정인 사람은, 이곳에 계속 있는 것과 타주에 갔을 때, 우리 가정에 어디가 더 좋을까를 비교해서 결정합니다. 그러나 성공이 핵심가치인 사람은, 타주에 새 직장에 가는 것이 나의 성공에 더 유리한가 아닌가를 비교해서 결정할 것입니다.

이 땅의 나그네

구약 다니엘서에 기록된 예언 중에 이런 말씀이 있습니다.

"많은 사람이 빨리 왕래하며 지식이 더하리라"(단 12:4).

이미 우리는 이 예언이 성취된 시대에 살고 있습니다. 저는 지금까지 약 40개국 가까이 여행을 했습니다. 선진국이든지 후진국이든지 공항을 계속 확장하고 있습니다. 비행기 숫자가 계속 증가하고 있습니다. 공항마다 사람들로 인산인해를 이룹니다. 한 세대 전에 한 달 걸리던 곳을 이제 하루에 가고 있습니다.

또한 우리는 지식정보의 홍수시대에 살고 있습니다. 매일 엄청난 양의 지식정보가 쏟아져 나오고 있습니다. 사람들의 빠른 왕래와 지식의 급격한 확대가 신유목민 시대를 가속화시키고 있습니다. 앞으로는 내가 원치 않아도 새로운 곳으로 이주의 이주를 거듭하며 살아야 될 가능성이 아주 높습니다.

우리는 이 땅의 나그네들인데, 어떤 면에서는 성경적으로 나그네로서 살아가기에 적합한 시대가 도래했다고 볼 수 있습니다.

> **하나님이 내게 주신 핵심가치에 따라서 분별하셔서 항상 올바른 장소를 선택 하십시오**

사랑하는 성도 여러분,

하나님의 음성을 늘 들으시고, 새로운 이주의 기회가 왔을 때, 소명과 사명에 따라서 분별하시고, 하나님이 내게 주신 핵심가치에 따라서 분별하셔서 항상 올바른 장소에서 하나님의 뜻을 이루는 성도 여러분이 다 되시기를 주님의 이름으로 축원합니다.

- 영적 분별력을 위한 말씀 -

우리가 이것을 말하거니와 사람의 지혜가
가르친 말로 아니하고 오직 성령께서 가르치신
것으로 하니 영적인 일은 영적인 것으로
분별하느니라
육에 속한 사람은 하나님의 성령의 일들을 받지
아니하나니 이는 그것들이 그에게는 어리석게
보임이요, 또 그는 그것들을 알 수도 없나니
그러한 일은 영적으로 분별되기 때문이라
(고린도전서2:13-14)

42 이르시되 아버지여 만일 아버지의 뜻이거든 이 잔을 내게서 옮기
시옵소서 그러나 내 원대로 마시옵고 아버지의 원대로 되기를 원하
나이다 하시니
43 천사가 하늘로부터 예수께 나타나 힘을 더하더라
44 예수께서 힘쓰고 애써 더욱 간절히 기도하시니 땀이 땅에 떨어지
는 핏방울 같이 되더라
45 기도 후에 일어나 제자들에게 가서 슬픔으로 인하여 잠든 것을
보시고
46 이르시되 어찌하여 자느냐 시험에 들지 않게 일어나 기도하라 하
시니라

누가복음 22:42-46

Chapter 12

잠자리와 기도자리

본문 : 마태복음 26:36-46, 누가복음 22:39-46

기도의 사람이셨던 예수님

예수님은 공생애를 시작하시기 전 기도하셨습니다. 그 기도는 40일 금식기도였습니다. 공생애를 마치실 때도 기도하셨습니다. 그 기도는 바로 본문에 기록된 겟세마네의 기도입니다. 예수님은 기도의 사람이셨습니다. 중요한 일이 있을 때마다 기도하셨고 날마다 기도하셨습니다. 동시에 기도에 관한 많은 가르침을 주셨습니다. 주님은 기도에 대해 얼마나 강조를 많이 하셨는지 모릅니다.

예수님의 많은 기도 가운데 겟세마네 기도는 기도의 모습과 기도의 내용에 있어 매우 중요한 교훈을 우리에게 보여줍니다. 예수님의 겟세마네 기도를 누가복음 22장에 기록된 말씀을 중심으로 생각해 보고자 합니다.

기도는 습관이 되어야 한다

"예수께서 나가사 습관을 따라 감람산에 가시매 제자들도 따라갔더니"

(눅 22:39).

여기서 예수님이 감람산에 가신 것은 습관에 따른 것이라고 밝힙니다. 예수님은 주로 갈릴리지역에서 사역하셨으나, 일 년에 한 차례 이상 예루살렘을 방문하셨습니다. 예루살렘에 머물 때 하루 일과를 마치고 저녁이면 늘 감람산에 가셔서 기도하셨습니다. 예수님은 다른 지역에 계실 때도 늘 저녁이면 산에 올라 가셔서 기도하셨습니다.

> 예수님이 감람산에 가신 것은 습관에 따른 것이라고 밝힙니다.

기도에는 정시기도와 무시기도가 있습니다. 정시기도란 시간을 정해 놓고 일정한 시간에 기도하는 것을 말합니다. 성경에 나오는 기도의 사람들은 정시기도에 힘쓴 사람들입니다. 대표적인 사람이 다니엘입니다. 그는 하루 세 번 시간을 정해놓고 그 시간이면 어김없이 기도를 하였습니다. 그는 무슨 일이 있어도 그 시간에 반드시 기도하였습니다. 다니엘을 미워하는 원수들이 그 정시에 기도하는 습관을 올무로 걸면 반드시 걸릴 것이라고 확신할 정도였습니다.

주님은 우리에게 '쉬지 말고 기도하라' 고 말씀하셨습니다. 얼핏 들으면 정시기도를 부정하는 말씀처럼 들립니다만 그렇지 않습니다. 쉬지 않고 늘 기도하는 사람이 되기 위해서는 반드시 정시기도가 뒷받침되어야 합니다. 예수님은 새벽마다 기도하셨고, 저녁마다 기도하셨습니다. 이것이 바로 습관입니다. 예를 들어, 매일 새벽기도를 하는 것이 쉬운 일이 아닙니다. 그러나 계속 반복하면 결국 습관이 되고 새벽기도가 쉬워지게 됩니다.

하나님의 뜻을 구하는 기도가 되어야 한다

"이르시되 아버지여 만일 아버지의 뜻이거든 이 잔을 내게서 옮기시옵소서 그러나 내 원대로 마시옵고 아버지의 원대로 되기를 원하나이다 하시니"(42절).

겟세마네 기도의 내용입니다. '잠시 후면 겪어야 할 십자가의 고난과 죽음을 할 수만 있으면 옮겨 주시옵소서. 그러나 내 원대로 마시고 아버지의 원대로 하옵소서' 라고 기도하십니다. 이 기도를 세 번 반복하여 간절히 드렸습니다.

십자가의 죽음과 고난은 말로 표현할 수 없을 정도로 극심한 고통입니다. 육신적인 고통도 크지만 정신적, 영적인 고통은 이루 말할 수 없습니다. 온 인류의 죄를 대신 짊어진다는 것은 그 모든 죄의 죄책감과 형벌과 저주를 예수님의 온 몸에 쏟아 붓는 것을 의미합니다. 공의의 하나님이 죄인을 심판하시듯이 예수님을 심판하시고 가혹한 형벌을 내리십니다. 인간은 도저히 감당할 수 없는 일입니다. 비록 예수님은 신성을 가지신 하나님이시지만, 동시에 인성을 가지신 분이기 때문에 그 분에게도 이 형벌은 결코 만만치 않은 일이었습니다. 지금까지 십자가의 구원을 이루기 위해 기도도 많이 하고 모든 사역의 초점을 여기에 집중해 오면서 충분한 준비를 해 왔지만 마지막 순간에 오니 더욱 그 고통을 감당할 수가 없었습니다. 하나님이신 예수님이 왜 이러실까 하면 도저히 이 부분이 이해되지 않습니다. 완전한 인간이셨던 예수님의 관점에서 보아야 합니다.

그 분이 하실 수 있는 일은 바로 기도였습니다. 그리고 기도의 내용은 십자가의 쓴 잔을 피하고 싶은 인간의 본능과 예수님의 뜻을 극복하고 인류의 구원을 위해 쓴 잔을 마셔야 하는 하나님의 뜻에 순종하는 것이었습니다.

우리의 기도가 바로 이런 기도가 되어야 합니다. 기도는 내가 원하는 뜻을 하나님께 간구하여 응답받는 것으로 생각하는 분들이 있습니다. 그러나 그것은 잘못된 것입니다. 많은 경우 나의 뜻과 하나님의 뜻은 서로 상치합니다. 이럴 때 우리가 할 기도는 내 뜻을 포기하고 하나님의 뜻을 따르게 해달라는 기도입니다. 인간의 본성이란 하나님의 선한 뜻을 거스르는 것이 보통입니다. 하나님의 말씀대로 살기보다는 그 반대로 살기를 원합니다. 거룩하고 경건한 삶보다는 세상 쾌락과 즐거움을 누리는 삶을 원합니다. 절제하며 살기 보다는 내 욕구와 욕망을 채우며 살기를 원합니다. 그래서 우리는 하나님의 뜻대로 살게 해 달라고 기도해야 하는 것이고, 그렇게 기도할 때 하나님은 그 뜻대로 순종할 수 있는 힘을 주시는 것입니다. 예수님은 이 간절한 기도를 드리신 후에, 거뜬히 십자가의 쓴 잔을 마실 수 있었습니다. 왜냐하면 그 능력을 공급받았기 때문입니다.

전심전력을 다하는 기도가 되어야 한다

"예수께서 힘쓰고 애써 더욱 간절히 기도하시니 땀이 땅에 떨어지는 핏방울 같이 되더라"(44절).

'힘쓰고 애써' 에서 '애써' 라는 말은 헬라어로 '아고니아' 라는 단어인데, '온 힘을 다해 싸운다' 라는 뜻을 가지고 있습니다. 운동선수가 온 힘을 다해 경쟁하는 것을 가리키고 군인이 온 힘을 다해 전투하는 것을 말합니다. 예수님은 전투하는 군인처럼 전심전력을 다해 기도하셨습니다. 그래서 한 신학자는 겟세마네 기도를 '전투기도'라고 표현합니다. 우리가 열심히 운동하거나 일을 할 때 땀이 흐르게 됩니다. '땀 흘려 일한다'는 말은 매우 열심히 일하고 있는 상태를 묘사하는 말입니다. 기도할 때 땀을 흘려보신 적이 있으십니까? 아마 대부분 그런 경험이 없을 것입니다. 지금 예수님은 땀을 흘려가며 기도하고 있습니다. 그런데 그 땀의 모양이 보통 땀과 다릅니다. 핏방울 같은 땀이었습니다. 땀에도 농도가 짙은 땀이 있고 농도가 묽은 땀이 있습니다. 염분이 많은 땀이 있고 염분이 적은 땀이 있습니다. 아주 힘과 정성과 애끓는 심정이 담겨 있을 때 농도가 짙어집니다.

우리가 쓰는 말 중에 피눈물을 흘린다는 말이 있습니다. 보통 눈물과 달리 너무 슬프고 억울하여 눈물에 피가 섞여 있는 경우에 쓰는 말입니다. 이명박 전 대통령이 대통령 되기 전에 출판한 자서전 중에 이런 대목이 있습니다. 현대건설에 근무할 때 한 번은 중동지역으로 출장 갔을 때의 일입니다. 늘 하루에 서너 시간만 자고 일했다고 합니다. 그런데 어느 날 아침에 일어나 세수하고 얼굴을 닦는데 수건에 피가 묻어나오더라는 것입니다. 코피가 나왔나 했는데 그게 아닙니다. 가만히 거울을 보니 눈에 피눈물이 나오더라는 것입니다. 얼마나 열심히 일하고 힘을 쏟았는지 피눈물이 나왔다고 합니다. 보통 땀이 얼굴에서 떨어지는 모습과 피가 떨어지는 모습은 다릅니다. 피는 방울이 되어 떨어집니다. 예수님이 흘린 땀에는 피가 섞여 있었다는 말입니다. 그만큼 온 힘과 마음을 다 쏟는 기도였습니다.

일생에 몇 차례 이런 기도가 필요합니다. 중병에 걸렸을 때 필요합니다. 인생의 중대사가 있을 때 필요합니다. 가정의 큰 위기가 있거나 교회적으로 큰 일이 있을 때 필요합니다. 국가적인 위기가 있을 때 이런 기도가 필요합니다.

한 사람을 살리는 일은 거저 이루어지지 않습니다. 한 가정을 일으키는 일도 거저 일어나지 않습니다. 더욱이 온 인류를 구원하는 일은 이런 주님의 피눈물 흘리는 간절한 기도가 필수불가결한 것입니다. 다른 사람들을 위해 기도하는 중보 기도자들은 이 영적 원리를 체험으로 알고 있습니다. 전심으로 중보기도한 후에 내 몸에서 온 힘이 다 빠져 나간 것을 경험하게 됩니다.

간절히 기도할 때 천사들이 힘을 더해 준다

43절을 보면 특별한 장면을 보게 됩니다. "천사가 하늘로부터 예수께 나타나 힘을 더하더라." 기도할 때 천사가 나타나는 경우가 성경에 여러 번 기록되어 있습니다만 이렇게 천사가 나타나 기도를 돕는 경우는 없었습니다. 처음입니다. 인류역사의 최대사건인 십자가 사건을 몇 시간 앞두고 영적세계에 큰 전쟁이 벌어지고 있는 모습입니다. 마귀는 이것을 못하도록 예수님을 유혹하고 있습니다. 그 고통과 그 형벌이 얼마가 가혹한데 그것을 당하려고 하느냐, 편하게 살아라. 마귀가 3년 전 광야에서 나타나 나에게 절 한 번 하면 온 천하를 네게 주겠다고 시험한 것을 또 하고 있습니다. 그것을 이기기 위해 예수님이 애절하게 기도할 때, 천사가 나타나 힘을 더해줍니다. 함께 싸워줍니다.

> 우리가 기도할 때,
> 우리 안에 거하시는
> 성령님이 함께
> 기도하십니다.

우리도 마찬가지입니다. 우리가 기도할 때 우리만 기도하지 않습니다. 우리 안에 거하시는 성령님이 함께 기도하십니다. 우리를 도와주십니다. 기도는 영적 전쟁입니다.

시험에 들지 않게 잠자리에서 일어나 기도하라

"이르시되 어찌하여 자느냐 시험에 들지 않게 일어나 기도하라 하시니라"
(46절).

예수님께서 기도하시기 전에 베드로, 야고보, 요한, 이 세 제자에게 함께 깨어 있을 것을 부탁하셨습니다. 그러면서 "시험에 들지 않게 일어나 기도하라"고 말씀하셨습니다. 예수님께서 간절히 기도하고 내려와 보니 세 제자가 졸고 있었습니다. 이 때 주님이 깨우시면서 다시 강조하셨습니다. "시험에 들지 않게 일어나 기도하라."

이 말씀은 승리하는 믿음생활의 영적 비결을 가르쳐 주고 있습니다. 기도하면 시험에 들지 않는다는 사실입니다. 우리가 기도해야 하는 이유가 몇 가지 있습니다. 그 중에 중요한 이유 하나는 시험에 들지 않고 시험에 이기기 위해서라는 것입니다. 이 말을 바꾸어 말하면 "기도하지 않으면 시험에 빠진다"가 됩니다. 사실 그렇습니다. 세 제자는 중요한 순간에 기도하지 않고 졸았습니다. 잠시 후에 오는 시험에 빠짐으로 예수님을 버리고 부인하는 잘못을 범하고 말았습니다. 그러나 예수님은 간절히 기도하셨기에 더 큰 시험을 이기고 십자가에서 승리하셨습니다.

우리 주위에 늘 시험이 있습니다. 사탄이 우는 사자와 같이 두루 다니며 삼킬 자를 찾기 때문입니다. 이미 예수님은 주기도문을 가르쳐 주실 때, "우리를 시험에 들게 하지 마시옵고 다만 악에서 구하시옵소서"(마 6:13)라고 기도할 것을 명하셨습니다. 우리는 하나님께 늘 기도해야 합니다. "하나님, 시험에 들지 말게 해 주옵소서. 하나님, 악에서 구해 주옵소서."

여러분 가운데 혹 요즘 시험에 드신 분들이 계십니까? 그렇다면 그 이유는 간단합니다. 기도를 게을리 하였기 때문입니다.

"시험에 들지 않게 깨어 기도하라 마음에는 원이로되 육신이 약하도다"

(마 26:41).

왜 우리가 시험에 들지 않게 깨어 기도해야 합니까? 마음은 원하지만 육신이 약하기 때문입니다. 여기서 마음은 '영'을 의미합니다. 헬라어 원어는 영이란 뜻을 가진 '프뉴마'가 여기서 쓰이고 있습니다. 우리의 영은 하나님의 뜻을 순종하기 원합니다. 말씀대로 살기 원합니다. 그래서 아침마다 하루를 시작하면서 그렇게 살고자 결심합니다. 그러나 또 하나님께 범죄하고 불순종하고 맙니다. 바로 죄성을 가진 우리의 육신 때문입니다. 이 육신을 이길 힘은 기도 밖에 없습니다. 기도를 통해 영적인 능력, 하나님의 능력을 받아야 합니다. 그래서 주님은 우리에게 기도하라고 명령하신 것입니다. 그래서 주님 자신도 육신을 입으셨을 때, 그토록 간절히 기도하셨던 것입니다.

두 번 다시 시험에 빠지는 일이 없도록 기도의 자리로

베드로와 야고보와 요한은 예수님이 기도하실 때 슬픔과 피곤을 이기지 못하여 잠들고 말았습니다. 기도해야 할 시간에 잠을 자고만 결과 시험에 빠지고 말았습니다. 그러나 오순절 성령강림 이후에 이들은 철저히 기도의 삶을 살았습니다. 베드로는 비록 졸았지만 가까운 거리에 있었기 때문에 예수님의 기도하시는 모습을 볼 수 있었고, 내용을 들을 수 있었습니다. 예수님의 이마에서 피가 섞인 땀방울이 맺히고 땅에 줄줄이 떨어지는 모습을 생생하게 기억하고 있었습니다. 그래서 그도 그렇게 기도하였습니다. 기도의 사람 베드로는 결코 시험에 두 번 다시 빠지지 않았습니다.

사랑하는 성도 여러분,
잠자리에 머물러 있지 마십시오. 새벽마다 기도자리로 나오시기 바랍니다. 항상 기도자리를 사모하시기 바랍니다. 그리하여 나의 영이 원하는 일을 나의 육신이 훼방하지 못하도록 기도에 힘쓰는 사람, 기도가 습관이 되는 사람, 전심전력을 다하여 기도하는 사람이 되시기를 예수님의 이름으로 축원합니다.

65 또 이르시되 그러므로 전에 너희에게 말하기를 내 아버지께서 오게 하여 주지 아니하시면 누구든지 내게 올 수 없다 하였노라 하시니라
66 그 때부터 그의 제자 중에서 많은 사람이 떠나가고 다시 그와 함께 다니지 아니하더라
67 예수께서 열두 제자에게 이르시되 너희도 가려느냐
68 시몬 베드로가 대답하되 주여 영생의 말씀이 주께 있사오니 우리가 누구에게로 가오리이까
69 우리가 주는 하나님의 거룩하신 자이신 줄 믿고 알았사옵나이다

요한복음 6:65-69

Chapter 13

어디로 가오리이까?

본문 : 요한복음 6:60-71

하늘에서 내려온 떡

예수님은 요한복음 6장 전체를 통해 자신이 진정한 '생명의 떡'이시며 이 떡을 먹으면 사람이 영생하게 된다는 말씀을 하셨습니다.

"나는 생명의 떡이니 내게 오는 자는 결코 주리지 아니할 터이요 나를 믿는 자는 영원히 목마르지 아니하리라. 나는 하늘에서 내려온 살아있는 떡이니 사람이 이 떡을 먹으면 영생하리라 내가 줄 떡은 곧 세상의 생명을 위한 내 살이니라. 내 살은 참된 양식이요 내 피는 참된 음료로다. 나를 먹는 그 사람도 나로 말미암아 살리라."

이런 가르침을 들었을 때, 제자들은 이해하기 너무 어려웠습니다. 60절 에는 제자들의 반응을 이렇게 기록하고 있습니다.

"제자 중 여럿이 듣고 말하되 이 말씀은 어렵도다 누가 들을 수 있느냐 한
대."(60절)

'이 말씀은 정말 이해하기 어렵다!' 이것이 제자들의 반응이었습니
다. 제자들의 수군거리는 말을 들으시고 예수님이 중요한 말씀을 하십
니다.

"예수께서 스스로 제자들이 이 말씀에 대하여 수군거리는 줄 아시고 이르시
되 이 말이 너희에게 걸림이 되느냐 그러면 너희는 인자가 이전에 있던 곳
으로 올라가는 것을 본다면 어떻게 하겠느냐"(61,62절).

제자들은 예수님께서 하늘에서 내려온 떡이라는 말씀이 걸렸습니다. 예
수님은 이 말씀 속에서 자신이 하나님의 아들이시며 하늘에서 오신 분임을
분명히 가르쳐 주셨습니다. 그러나 많은 제자들은 아직까지 예수님이 신성
을 가지신 분으로 받아들이지 못했습니다. 이에 주님은 '내가 하늘로 올라
가는 승천의 모습을 보게 된다면 그 때는 어떻게 하겠느냐?' 라고 반문하십
니다. 하늘에서 오신 분이기 때문에 하늘로 다시 올라갈 것이라는 가르침
이기도 합니다.

이어서 매우 중요한 말씀을 하십니다.

"살리는 것은 영이니 육은 무익하니라 내가 너희에게 이른 말은 영이요 생
명이라"(63절).

우리의 영혼을 살리는 것은 영이지 육이 아닙니다. 지금까지 예수님은
내 살(육)을 먹어야 영생을 얻는다고 말씀하셨습니다. 그러나 '내 살' 은 예

수님의 진짜 살을 의미하는 것이 아니었습니다. 예수님의 말씀을 '내 살'이라고 비유로 말씀하신 것입니다. 그런데 제자들은 '예수님의 진짜 살'로 이해하였습니다. 그것을 교정해 주시는 말씀입니다. "살리는 것은 영이니 육은 무익하다." "내가 너희에게 이른 말은 영이요 생명이라."

그 다음 말씀이 정확히 설명해 줍니다. "살리는 것은 영인데, 무엇이 영인가? 바로 지금까지 말한 예수님의 말씀, 그것이 곧 영이다."

너무 분명하고 너무 중요한 가르침입니다. "예수님의 말씀이 영입니다. 또 생명입니다." 우리의 영혼을 살리고, 우리에게 영생을 주는 것은 예수님의 말씀입니다. 말씀이 곧 영이고 곧 생명입니다.

"너를 낮추시며 너를 주리게 하시며 또 너도 알지 못하며 네 조상들도 알지 못하던 만나를 네게 먹이신 것은 사람이 떡으로만 사는 것이 아니요 여호와의 입에서 나오는 모든 말씀으로 사는 줄을 네가 알게 하려 하심이니라"(신 8:3).

이 말씀은 예수님께서 사탄의 시험을 받을 때 인용하신 말씀입니다. "사람의 육은 떡으로 살아야 하지만, 우리의 영혼은 하나님의 말씀으로 사는 것임"을 이미 구약에서 가르쳐 주고 있습니다.

"만군의 하나님 여호와시여 나는 주의 이름으로 일컬음을 받는 자라 내가 주의 말씀을 얻어먹었사오니 주의 말씀은 내게 기쁨과 내 마음의 즐거움이오나"(렘 15:16).

예레미야 선지자는 하나님의 말씀에 대해 이렇게 고백하고 있습니다.

"내가 주의 말씀을 얻어먹었사오니 주의 말씀은 내게 기쁨과 내 마음의
즐거움입니다."

말씀은 우리의 영혼에 생기와 생명을 불어
넣어주는 살아있는 영입니다. 생명입니다. 전
도할 때 사실은 우리가 많은 말을 할 필요가 없
습니다. 구원에 관한 성경말씀을 전하면 됩니
다. 그 말씀이 곧 영이고 생명이기 때문입니다.
그 말씀이 그 사람 속에 들어가 살아 움직이며 역사합니다. 그러면 그 사람
이 두 손 들고 하나님께 나아와 구원받게 됩니다.

어디로 향하고 있습니까?

그런데 예수님께서 이렇게 다시 한 번 설명해주셨음에도 불구하고 많은
제자들이 예수님을 떠나 다시는 예수님을 따르지 않았습니다.

"그 때부터 그의 제자 중에서 많은 사람이 떠나가고 다시 그와 함께 다니지
아니하더라"(66절).

이때는 예수님께서 돌아가시기 약 1년 전입니다. 그러니까 예수님께서
공생애를 시작하신 후 2년 정도 지났을 때입니다. 열두 제자 외에 예수님
을 따르는 제자들이 많이 있었습니다. 그 수많은 제자들이 결정적으로 떠
난 때가 바로 이 때였습니다.

너무 이상하지 않습니까? 이렇게 명확하게 '영생 얻는 길'에 대해 예수
님이 말씀해 주신 것 때문에, 예수님을 따르던 수많은 제자들이 예수님을

떠나다니 말입니다. 이들의 행동은 그동안 이들이 예수님을 따라다녔던 동기가 무엇인지를 볼 수 있게 합니다. 그들은 영적인 것을 위해 따라다닌 것이 아니라, 세상적인 이득을 바라보며 그를 위해 따라다닌 것입니다. 이스라엘을 해방시켜 주고 잘 사는 부강한 나라로 만들어 주는 메시야로 생각하고 따라 다녔던 것입니다. 그게 아니라는 것이 명확히 알게 되니 크게 실망하고 예수님을 완전히 떠나고 말았습니다.

예수님은 남아있는 열두 제자들에게 묻습니다.

"너희도 가려느냐?"(67절).
"주여 영생의 말씀이 주께 있사오니 우리가 누구에게로 가오리이까?"(68절). 베드로의 대답입니다. "우리가 주는 하나님의 거룩한 자이신 줄 믿고 알았사옵나이다"(69절). 베드로가 예수님은 하나님께서 보내신 메시야이심을 고백하고 있습니다. 참으로 귀한 고백입니다.

'영생의 말씀' 보다 더 귀한 것은 세상에 없습니다. 그 영생의 말씀은 예수님께 있습니다. 예수님은 '하나님의 말씀이 육신이 되신 분'이며, 예수님이 곧 영이요 생명이십니다. 예수님을 통해서만 구원과 영생이 있습니다. 베드로와 다른 제자들은 이것을 분명히 깨달았습니다. 다른 제자들은 다 떠났어도 이들은 떠나지 않았습니다. 아니 떠날 수 없었습니다. 그들의 길은 오로지 예수님을 향해 있었습니다.

가야 할 방향은 누가 정합니까?

예수님은 베드로의 고백에 아주 흡족해 하셨습니다. 70절에서 이렇게 말씀하셨습니다.

"예수께서 대답하시되 내가 너희 열둘을 택하지 아니하였느냐 그러나 너희 중의 한 사람은 마귀니라 하시니 이 말씀은 가룻 시몬의 아들 유다를 가리키심이라 그는 열둘 중의 하나로 예수를 팔 자러라."(70,71절)

예수님께서 열두 명의 제자들을 택하셨음을 강조하십니다. 그러나 그 중 하나는 마귀라고 말씀하십니다. 그 한 사람은 바로 가룻 유다라고 성경 저자는 설명하고 있습니다.

오늘 본문에서 우리는 '하나님의 예정' 이라는 중요한 교리를 만나게 됩니다. 구원받는 것도 하나님의 예정에 의한 것이고, 가룻 유다의 배반도 예정에 의한 것임을 밝히고 있습니다.

> **내 아버지께서 오게 하여 주지 아니하시면 누구든지 내게 올 수 없다**

"그러나 너희 중에 믿지 아니하는 자들이 있느니라 하시니 이는 예수께서 믿지 아니하는 자들이 누구며 자기를 팔 자가 누구인지 처음부터 아심이러라 또 이르시되 그러므로 전에 너희에게 말하기를 내 아버지께서 오게 하여 주지 아니하시면 누구든지 내게 올 수 없다 하였노라 하시니라"(64,65절).

예수님은 수많은 제자들 가운데 믿지 아니하는 자들이 누구며, 또 자신을 배반할 자가 누구인지 처음부터 알았습니다. "내 아버지께서 오게 하여 주지 아니하시면 누구든지 내게 올 수 없다” 이 말씀은 구원받는 사람은 하나님 아버지께서 미리 예정하신 사람들이라는 사실을 강조하고 있습니다.

예정론 교리는 기독교에서 매우 중요한 교리입니다. 성경은 분명히 하나님의 예정에 대해 많은 구절에서 가르쳐 주고 있습니다. 몇 구절만 살펴보겠습니다.

“찬송하리로다 하나님 곧 우리 주 예수 그리스도의 아버지께서 그리스도 안에서 하늘에 속한 모든 신령한 복을 우리에게 주시되 곧 창세전에 그리스도 안에서 우리를 택하사 우리로 사랑 안에서 그 앞에 거룩하고 흠이 없게 하시려고 그 기쁘신 뜻대로 우리를 예정하사 예수 그리스도로 말미암아 자기의 아들들이 되게 하셨으니”(엡 1:3,4).
“모든 일을 그의 뜻의 결정대로 일하시는 이의 계획을 따라 우리가 예정을 입어 그 안에서 기업이 되었으니”(11절).

우리의 구원은 창세전에 미리 하나님께서 예정해 놓으신 일이라는 점을 명확히 밝히고 있습니다. 성경은 구원뿐 아니라 우리의 인생도 하나님께서 예정해 놓으셨음을 가르쳐 줍니다.

“주께서 내 내장을 지으시며 나의 모태에서 나를 만드셨나이다”(시 139:13).
“내 형질이 이루어지기 전에 주의 눈이 보셨으며 나를 위하여 정한 날이 하루도 되기 전에 주의 책에 다 기록이 되었나이다”(시 139:16).

이삭의 두 아들 야곱과 에서의 인생을 보면 더 분명해집니다. 이들은 쌍둥이였으며, 에서가 형이었으나 장자의 축복은 야곱이 갖게 되었습니다.

그런데 이것은 이들이 태어나기 전에 이미 하나님께서 예정하신 일이었습니다.

가룟 유다는 어디로 향해 갔습니까?

성경을 읽으면서 이해가 되지 않고 의심이 드는 사건이 바로 가룟 유다의 배반 사건입니다. 가룟 유다가 배반하는 것은 그가 태어나기 전부터 예정되어 있었던 일이므로 그의 잘못이 아니라 어쩔 수 없는 운명 때문이며, 오히려 그를 배반하게 만드신 하나님에게 그 책임이 있는 것 아니냐는 주장을 할 수도 있습니다.

"제자 중 하나로서 예수를 잡아 줄 가룟 유다가 말하되 이 향유를 어찌하여 삼백 데나리온에 팔아 가난한 자들에게 주지 아니하였느냐 하니 이렇게 말함은 가난한 자들을 생각함이 아니요 그는 도둑이라 돈궤를 맡고 거기 넣는 것을 훔쳐감이러라"(요 12:4-6).

"그 때에 열둘 중의 하나인 가룟 유다라 하는 자가 대제사장들에게 가서 말하되 내가 예수를 너희에게 넘겨 주리니 얼마나 주려느냐 하니 그들이 은 삼십을 달아 주거늘 그가 그 때부터 예수를 넘겨 줄 기회를 찾더라"

(마 26:14-16).

"인자는 자기에 대하여 기록된 대로 가거니와 인자를 파는 그 사람에게는 화가 있으리로다 그 사람은 차라리 태어나지 아니하였더라면 제게 좋을 뻔하였느니라"(마 26:24).

본문 70절에서 "너희 중의 한 사람은 마귀니라"고 예수님이 말씀하십니다. 이 말씀은 유다가 '마귀의 화신'이 아니라, '마귀의 영향과 지배를 받는 사람' 이라는 뜻입니다.

가룟 유다는 악한 사람이었습니다. 그는 돈을 사랑하는 사람이었고, 세상적인 출세의 야망을 가진 사람이었습니다. 그래서 마귀가 시키는 방향으로 가고만 것입니다.

예정론에 대한 웨스트민스터 신앙고백 3장 1항을 기억해야 합니다.

"하나님께서는 장차 있을 모든 일을 영원한 때부터 그 자신이 뜻하신 바, 가장 지혜롭고 거룩하신 계획에 의하여 자유롭게, 그리고 변치 않게 작정해 놓으셨다. 그러나 하나님은 죄의 조성자가 아니시며, 피조물들의 의지를 침해하시는 이도 아니시다. 제2원인들의 자유나 우발성을 제거시키지 않고, 오히려 확립하시는 분이시다."

그러므로 하나님은 일어나는 모든 일들을 작정해 놓으셨습니다. 하나님께서는 강제로 인간이 행하기를 원치 않는 것(죄의 길)을 행하게 하시지 않습니다. 자유의지 혹은 자유란 '외부의 강압이 없는 상태' 로 정의될 수 있습니다. 예정론은 하나님의 절대 주권을 강조하고 있으나, 동시에 인간의 완전한 자유의지를 강조하고 있습니다. 우리는 누구의 강압에 의하지 않고 오로지 우리 자신의 자유의사에 따라 선택하며 행동합니다. 가룟 유다도 마찬가지입니다. 그는 자신의 행동을 스스로 선택하고 결정했습니다.

어거스틴은 "성부는 성자를 내어 주셨고, 그리스도는 자신의 육체를 내어 주셨으며, 유다는 주님을 관원들에게 내어 주었다. 그런데 이 사건에 있어서, 어째서 하나님은 의로우시고 인간은 죄의 책임을 져야 하는가? 그것은 저들이 동일한 행동을 하지만 그러나 동일한 근거에서 행동하는 것이 아니기 때문이라고 그 이유를 말할 수 있다."고 설명했습니다. 하나님께서는 우리의 계획과 의지를 보고 심판하심을 명심하십시오.

주님을 따르는 제자

예정론은 운명론이 아닙니다. 예정론은 하나님이 우주만물을 다스리시고 주관하시는 분임을 가르쳐 주고 있습니다. 하나님의 예정은 그분의 선한 성품을 기초로 하기 때문에 우리에게는 최선의 것이며, 하나님께는 영광이 되는 것입니다.

> 하나님을 향해 간구할 때, 선하고 거룩하게 살 수 있습니다.

우리에게는 완전한 자유가 주어져 있습니다. 우리는 어디로든지 갈 수 있습니다. 내 마음대로 무엇이든지 할 수 있고 선택할 수 있는 자유가 있습니다. 그러나 그 자유의 결과는 전적으로 우리 자신이 져야 합니다. 완전한 자유인 동시에 완전한 책임이 있습니다. 우리는 이 자유를 잘 사용해야 합니다. 늘 선한 일을 위해 사용해야 합니다. 올바른 일, 경건한 일을 선택하는데 이 자유를 사용해야 합니다. 그래서 성경은 반복해서 우리에게 경건에 힘쓰고 거룩하게 살라고 명령하십니다. 우리의 의지를 늘 거룩한 행동의 방향을 선택하는데 사용해야 합니다.

그러나 사도 바울의 고백대로, 그렇게 거룩하게 살게 되는 것도 하나님의 은혜입니다. "내가 나 된 것은 하나님의 은혜로다." 이것은 바로 올바른 선택도 하나님의 은혜에 힘입어 가능했다는 고백입니다. 그래서 우리는 기도해야 합니다. 기도를 통해 하나님의 은혜, 성령님의 도우심을 간구해야 합니다. 마귀를 따라가지 않고 하나님을 향해 간구할 때, 선하고 거룩하게 살 수 있습니다.

열두 제자들처럼 끝까지 영생의 말씀을 붙잡고 주님을 따르는 제자가 되
시기를 주님의 이름으로 축원합니다.

21 이 때로부터 예수 그리스도께서 자기가 예루살렘에 올라가 장로들과 대제사장들과 서기관들에게 많은 고난을 받고 죽임을 당하고 제삼일에 살아나야 할 것을 제자들에게 비로소 나타내시니
22 베드로가 예수를 붙들고 항변하여 이르되 주여 그리 마옵소서 이 일이 결코 주께 미치지 아니하리이다
23 예수께서 돌이키시며 베드로에게 이르시되 사탄아 내 뒤로 물러가라 너는 나를 넘어지게 하는 자로다 네가 하나님의 일을 생각하지 아니하고 도리어 사람의 일을 생각하는도다 하시고

마태복음 16:21-23

Chapter 14

경계선을 넘은 베드로

본문 : 마태복음 16:21-23

예수님께서 고난과 죽음을 예언하시다

본문의 앞부분은 예수님의 두 가지 질문에 초점을 맞추고 있습니다. "사람들이 나를 누구라 하느냐?"와 "너희는 나를 누구라 하느냐?"라는 질문입니다. 베드로가 "주는 그리스도시요 살아계신 하나님의 아들이시니이다"라고 멋진 대답을 하였고, 예수님께 칭찬을 받았습니다. 그의 대답은 훌륭한 신앙고백이었습니다.

예수님은 상당히 흡족해 하셨습니다. 그동안 제자 훈련을 시킨 보람이 있다고 생각하셨습니다. 제자들이 예수님을 누구인지 정확히 인식하고 있었기 때문입니다. 그래서 이제 때가 되었다 싶어 '심각한 이야기'를 털어놓습니다. 그것은 예수님께서 예루살렘에 올라가 고난과 죽음을 당한 후 삼 일 만에 살아날 것이라는 예언이었습니다. 자신의 죽음과 부활에 대한 고백은 이때가 처음이었습니다. 그만큼 제자들이 완전히 이해할 때까지 기다려 온 것입니다.

　예수님은 지난 3년간의 공생애 동안 많은 사역을 하셨습니다. 천국복음을 선포하시고 병자들을 고치시고 귀신들을 쫓아내셨습니다. 불쌍하고 연약한 사람들을 위로하고 친구가 되셨습니다. 많은 이적을 행하시고 천국에 관해 많은 것을 가르쳐 주셨습니다. 다 귀한 사역입니다. 그러나 궁극적으로 예수님은 이런 일을 하기 위해 이 땅에 오신 것이 아닙니다. 보다 더 본질적이며 궁극적인 일이 있었습니다. 그것은 온 인류의 죄를 대신 지시고 십자가에서 죽으시고 부활하시는 것입니다. 예수님이 십자가에서 죽으시는 사건은 지금까지 감춰진 비밀이었습니다. 이 비밀이 누설되면 하나님의 구원의 계획은 수포로 돌아가게 됩니다. 그래서 예수님은 그동안 사람들에게 자신의 소문을 내지 말라고 당부를 하곤 했습니다. 그러나 이제 때가 되었기에 제자들에게 이 비밀을 비로소 알려 주신 것입니다.

> **하나님의 구원계획은**
> **예수님이**
> **온 인류의 죄를 대신**
> **지시고 십자가에**
> **죽으시고 부활하시는**
> **것입니다.**

　예수님은 자신이 예루살렘에 올라갈 것을 말씀하십니다. 이것은 호랑이굴에 스스로 들어가겠다는 말과 같습니다. 예루살렘은 예수님을 죽이기 위해 혈안이 되어 있는 바리새인과 서기관, 대제사장들의 본부가 있는 곳입니다. 자신들이 마음대로 활동할 수 있는 지역입니다. 이제까지 저들을 피해 다녔던 예수님께서 예루살렘에 가서 그들에게 고난을 당하고 죽임을 당하겠다고 말씀하십니다. 단순한 계획이 아니라 반드시 그렇게 되어야 한다는 강한 어조로 말씀하십니다. 영어로는 'must'라는 단어를 사용하고 있습니다. 고난당하고 죽임 당하신 후에는 삼 일 만에 부활하실 것을 예언하셨습니다.

경계선을 넘은 베드로

예수님의 말씀이 끝나기 무섭게 베드로가 이야기를 합니다. 22절에 있는 말씀입니다.

"베드로가 예수를 붙들고 항변하여 이르되 주여 그리 마옵소서 이 일이 결코 주께 미치지 아니하리이다."(22절)

사랑하는 스승 예수님께서 제 발로 예루살렘에 걸어가 고난당하고 죽임을 당하신다니 베드로는 견딜 수 없었습니다. 그는 누구보다 예수님을 사랑하였습니다. 그런데 여기 몇 가지 치명적인 문제가 있습니다.

첫째는 그가 예수님을 붙들었다고 했습니다. 이 모습에서 그의 영적 교만을 볼 수 있습니다. 방금 전에 위대한 고백을 하였다고 예수님께 큰 칭찬을 들은 베드로는 자신도 모르는 사이에 영적인 교만이 가득 찼습니다. 그래서 감히 예수님의 옷자락을 붙잡는 무례를 범한 것입니다. 아무리 사랑하고 친근감이 있다고 해도 예수님에게 지킬 도리와 예의가 있는데, 지금 베드로는 그 경계선을 넘어가고 말았습니다.

그 다음에 주목할 말은 '항변하였다'는 말입니다. 이 말은 헬라어로 '에피티만'이라는 단어로서 '책망한다, rebuke'라는 뜻입니다. 베드로는 예수님의 옷을 부여잡고 큰소리를 지르며 예수님을 책망하였다는 것입니다. "주여 그리 마옵소서 이 일이 결코 주께 미치지 아니하리이다." 이 말은 "예수님, 그렇게 해서는 안 됩니다. 결코 십자가의 고난과 죽음은 있어서는 안 됩니다!"라는 뜻입니다.

영적인 바운더리 개념을 소개한 헨리 클라우드와 존 타운센드는 하나님
의 뜻과 우리의 의지를 구분해야 한다고 강조했습니다. 그들은 저서에서
바로 이 장면을 예로 들고 있는데, 베드로는 다른 사람의 바운더리, 즉 영
적 경계를 인정하지 않는 사람이라고 했습니다. 이런 사람들은 말로, 때론
행동으로 상대방에게 해를 입히는 유형입니다. 그들은 타인의 인생을 자신
에게 맞추려고 합니다. 베드로는 바로 이 장면에서 예수님의 경계선을 넘
은 것입니다. 심지어 그는 예수님을 꾸짖기까지 하는 잘못을 범했습니다.

여기서 우리는 중요한 교훈을 하나 깨닫게 됩니다. 사람이 영적으로 교
만하게 되면 예수님을 꾸짖는 행동까지 하게 된다는 사실입니다. 베드로가
누구입니까? 그는 보잘것없는 갈릴리의 어부입니다. 그는 배운 것도 별로
없고 가진 것도 별로 없는 사람입니다. 그런데 지금 어떤 행동을 하고 있습
니까? 예수님을 책망하고 있습니다. 그는 성격은 급하지만 겸손한 사람이
었습니다. 단순하고 순수한 사람이었습니다. 의를 사랑하고 선을 추구하는
사람이었습니다. 그런데 마음에 교만이 가득 차니까 그 모든 좋은 성품들
이 다 덮여버리고 말았습니다. 감히 예수님을
꾸짖는 죄까지 범하게 되었습니다. 우리가 반
드시 기억해야 하겠습니다. 그것은 교만해지지
않아야 한다는 것입니다. 사람은 칭찬을 들을
때 교만해집니다.

> **영적 교만으로 베드로는
> 영적 경계선을
> 넘은 것입니다.**

어떤 일을 성공적으로 마쳤을 때 교만해집니다. 남보다 높은 지위에 올
랐을 때 교만해집니다. 그러므로 우리는 이런 때일수록 더욱 조심해야 합
니다. 교만은 패망의 선봉입니다. 사람이 교만해지면 자기가 최고라는 생
각에 사로잡혀서 다른 사람은 눈에 들어오지 않게 됩니다. 예수님도 눈에
들어오지 않게 됩니다.

사탄이 베드로를 이용하다

베드로가 예수님의 옆에서 그 옷자락을 붙잡았던 모양입니다. 23절을 보니까, 예수님께서 옆으로 돌이키시며 베드로를 바라보시며 말씀하십니다.

"사탄아 내 뒤로 물러가라 너는 나를 넘어지게 하는 자로다."(23절)

물론 이 말씀은 베드로에게 하는 말씀이 아닙니다. 베드로가 사탄이라는 말씀이 아닙니다. 베드로의 배후에서 역사하고 있는 사탄을 꾸짖는 말씀입니다.

하나님은 본문 말씀을 통해 우리에게 사탄의 존재와 활동에 대해 깨우쳐 주기를 원하십니다. 21세기를 사는 현대인들에게 거부감을 주는 단어가 바로 '사탄, 마귀, 귀신' 이라는 말들입니다. 그러나 우리가 부인할 수 없는 사실은 이런 악한 영적인 세력들이 존재한다는 점입니다. 베드로가 감히 예수님을 꾸짖고 책망하는 죄를 범하게 된 것은 사탄의 조종 때문이라는 사실을 알게 됩니다. 우리는 이 사실을 기억해야 합니다.

교회 안에서 이루어지는 많은 죄악들, 잘못된 행동들이나, 성도 개인의 삶에서 이루어지는 많은 죄악들이 사탄의 조종과 시험 때문에 발생합니다. 그럴 때 우리는 예수님처럼 사탄을 대적해야 합니다. "사탄아 내 뒤로 물러가라." 예수님은 이미 광야에서 40일 금식 후에 사탄에게 세 가지 시험을 받을 때, "사탄아 물러가라" 하면서 물리친 적이 있습니다. '사탄' 이라는 말은 '적, 원수' 라는 뜻입니다. 사탄이 역사할 때 우리는 예수님처럼 대적해야 합니다.

사탄에게 이용당하는 연약한 인간

우리는 믿음으로 살던 사람들이 어느 날 갑자기 변하여 악한 일들을 서슴없이 자행하는 경우를 종종 경험하게 됩니다. 젊었을 때는 그렇게 헌신적이고 모범적으로 목회하던 분들이, 사리가 분명하고 공의롭게 하나님의 일을 감당하던 분들이 나이가 들어 갖은 추태를 부리며 죄악을 행하곤 합니다. 한 때는 주의 일에 열심히 봉사하던 교인들이 어느 날 갑자기 교회의 걸림돌이 되고 훼방꾼이 되곤 합니다. 이런 일들은 사탄에게 이용당하기 때문에 생기는 것입니다. 사탄은 우리의 약점을 잘 압니다. 우리의 약점이 노출될 때 놓치지 않고 그것을 공격하게 됩니다. 우리는 다 사탄에게 이용당하는 연약한 존재들입니다. 스스로 서서 사탄과 대항할 능력이 없는 연약한 자들입니다. 우리가 승리할 수 있는 길은 성령의 능력을 의지하는 것뿐입니다.

> **우리는 다 사탄에게 이용당하는 연약한 존재들입니다.**

여기서 사탄은 바로 베드로의 교만을 이용한 것입니다. 그는 우쭐한 마음의 소유자입니다. 남보다 높아지기를 좋아하고 앞서기를 좋아하는 성격의 소유자입니다. 그것을 사탄이 이용하자 쉽게 넘어간 것입니다. 얼마 뒤에 베드로는 또 넘어지게 됩니다. 예수님을 세 번 부인하게 되는데, 이때도 사탄이 그의 약점을 이용한 것입니다. 베드로는 후에 자신의 쓰라린 경험담을 토대로 베드로전서에서 이렇게 권면하고 있습니다.

"근신하라 깨어라 너희 대적 마귀가 우는 사자 같이 두루 다니며 삼킬 자를 찾나니 너희는 믿음을 굳건하게 하여 그를 대적하라 이는 세상에 있는 너희 형제들도 동일한 고난을 당하는 줄을 앎이라"(벧전 5:8-9).

베드로는 자신의 인생에서 마귀가 우는 사자같이 늘 으르렁거리며 주위에서 빈틈과 허점을 노리고 있었음을 고백합니다. 바로 오늘의 쓰라린 패배와 실패를 회고하는 것입니다. 그는 "믿음을 굳건하게 하여 그를 대적하라' 고 우리에게 교훈을 주고 있습니다. 이 길만이 살 길인 것을 강하게 체험했기 때문입니다.

사탄이 일으키는 증상들

사탄이 일시적으로 성도들의 약점을 공격하여 넘어뜨리는 경우도 있고, 장기적으로 성도들을 억누르고 영향권 아래 두어 지속적으로 고통을 주면서 하나님의 일을 훼방하는 경우도 있습니다.

이런 사람들의 증상이 몇 가지 있습니다.

첫째는 강박관념입니다.

끊임없는 생각에 사로잡혀서 헤어나지를 못합니다. 늘 무엇인가 쫓기고 불안해 견디지 못합니다.

둘째는 만성적인 두려움입니다.

누구에게나 어떤 두려운 일이 있을 수 있습니다만, 이 경우는 밤에도 낮에도 항상 불안해하고 무서워합니다. 사탄은 사람들에게 두려운 마음을 일으키는 일을 즐겨 합니다. 불면증에 시달리게 됩니다.

셋째, 지나친 성적인 생각입니다.

사람은 누구나 성욕을 가지고 있고, 이는 자연스러운 일입니다. 그러나 아침부터 저녁까지 성에 대한 생각만 하고, 음란한 생각에 사로잡혀 정상적인 일을 못하게 하는 것은 마귀가 역사하고 있는 것입니다.

넷째, 강한 증오심, 반항심, 분노, 쓴 뿌리입니다.
항상 화가 나 있는 사람이 있습니다. 누구든지 만나면 싸우려고 합니다. 모든 것이 불만이고 원망뿐입니다.

다섯째, 잘못된 비성경적인 신념들입니다.
믿음에 대한 잘못된 생각, 구원에 대한 잘못된 생각, 교회에 대한 잘못된 생각들을 굳게 견지하고 있습니다.

여섯째, 원인을 모르는 질병입니다.
성경에 나오는 귀신들려 말 못하는 자가 되거나, 귀신들려 간질병 환자가 되는 경우입니다.

일곱째, 주목을 받고자 하는 강렬한 욕망입니다.
언제든지 자기가 주도권을 가져야 하고 자신이 화제의 초점이 되어야 합니다. 요즘 말하는 왕자병, 공주병이 심하게 도진 상태라고 할 수 있습니다.

여덟째, 치유공동체, 성령공동체인 교회를 떠나고 싶은 생각입니다.
자꾸 핑계를 대고 예배를 빠지거나 교회를 멀리하고 싶은 충동을 계속 갖게 됩니다.

여러분에게 이런 증상들이 있다면 하나님께 기도하고, 예수님의 이름으로 대적하여 물리쳐야 합니다. 하나님의 일과 사람의 일을 구별하는 영적 바운더리, 영적 경계선을 지키도록 기도와 말씀에 힘써야 합니다.

하나님의 일과 사람의 일

마지막으로 살펴볼 것은 23절에 있는 예수님의 책망입니다.

"예수께서 돌이키시며 베드로에게 이르시되 사탄아 내 뒤로 물러가라 너는 나를 넘어지게 하는 자로다 네가 하나님의 일을 생각하지 아니하고 도리어 사람의 일을 생각하는도다 하시고"(23절)

반석 같은 믿음의 바위에서, 예수님을 넘어지게 만드는 걸림돌 바위로 전락한 모습입니다. 그는 예수님을 위해서 한 말이지만, 오히려 예수님을 시험에 들게 하고 넘어지게 만드는 말이었습니다.

또한 그의 말은 하나님의 일을 생각한 것이 아니라 사람의 일을 생각한 말이었습니다.

이것이 우리가 마음 판에 새겨야 할 진리입니다. 우리는 항상 하나님의 일을 생각해야 합니다. 아무리 좋은 생각, 선한 뜻이라 해도 사람의 일이어서는 실패입니다.

사랑하는 주님이 바리새인 같은 악한 사람들에게 고난을 당하고 죽임을 당하는 일은 있어선 안 됩니다. 이것은 철저히 인간적인 생각입니다. 그러나 하나님의 일은 오래 전부터 계획되어온 일로서 반드시 이루어져야 하는 일입니다. 온 인류의 구원을 위하여 그리스도가 십자가에서 대신 죽으시는 일은 반드시 이루어져야 하는 일입니다. 상식적으로도 논리적으로도 맞지 않는 일입니다. 하나님의 일은 이런 경우가 많습니다.

그러면 내 생각이 하나님의 일인지, 사람의 일인지 어떻게 분별할 수 있습니까?

사람의 일은 현재만 보지만, 하나님의 일은 과거, 현재, 미래 전체를 봅니다. 베드로는 당장 예수님이 고난당하시고, 예수님이 죽임당하는 것만 생각하였습니다. 인간적으로 고통당하고, 억울하게 죽임당하는 것이 견딜 수 없었습니다. 그러나 십자가 사건은 아담의 타락이라는 과거에서부터 현재, 그리고 예수님의 재림으로 완성되는 하나님의 나라라는 미래까지 함께 생각해야 이해가 됩니다. 죄의 사슬에 얽매여 고통당하고 멸망당하는 인간들을 구원하시겠다는 하나님의 중심에서 바라보아야 이해가 됩니다. 우리는 긴 안목으로 과거, 현재, 미래를 직시하여 하나님의 일을 생각하고 말하고 행하는 복된 사람들이 되어야 하겠습니다

> 우리는 항상
> 하나님의 일을
> 생각해야 합니다.

영적 경계선을 구분하는 하나님의 종

하나님께서 알게 해 주셔서 위대한 고백을 했던 베드로가 사탄의 시험에 넘어져 예수님을 책망하는 죄를 범했습니다. 그는 하나님의 일과 사람의 일을 구분하지 못했습니다. 영적 경계선을 알지 못했습니다. 베드로가 하나님의 역사하심을 덧입었을 때 그는 하나님의 도구로 쓰임 받았지만, 사탄의 꾀임에 넘어갔을 때 그는 사탄의 도구로 쓰임 받았습니다. 연약한 우리 인간들은 하나님의 도구가 될 수도 있고, 사탄의 도구가 될 수도 있습니다.

우리는 영적 경계선을 지킬 줄 아는 하나님의 종이 되어야 합니다.

일시적으로 영적 교만에 빠져 사탄의 시험에 빠졌던 베드로였지만, 후에

그는 성령의 충만함을 받고, 자기의 실패를 거울삼아 위대한 하나님의 종으로 쓰임 받을 수 있었습니다. 베드로처럼 실패를 딛고 일어서서 일평생 크게 하나님께 쓰임 받는 사람이 되시기를 예수님의 이름으로 축원합니다.

7 빌립이 대답하되 각 사람으로 조금씩 받게 할지라도 이백 데나리
온의 떡이 부족하리이다
8 제자 중 하나 곧 시몬 베드로의 형제 안드레가 예수께 여짜오되
9 여기 한 아이가 있어 보리떡 다섯 개와 물고기 두 마리를 가지고
있나이다 그러나 그것이 이 많은 사람에게 얼마나 되겠사옵나이까
10 예수께서 이르시되 이 사람들로 앉게 하라 하시니 그 곳에 잔디
가 많은지라 사람들이 앉으니 수가 오천 명쯤 되더라
11 예수께서 떡을 가져 축사하신 후에 앉아 있는 자들에게 나눠 주시
고 물고기도 그렇게 그들의 원대로 주시니라

요한복음 6:7–11

Chapter 15

국경 없는 오병이어

본문 : 요한복음 6:1-15

가장 놀라운 이적

매년 연말이 되면 언론사에서 하는 일이 있습니다. 그것은 세계 10대 뉴스, 국내 10대 뉴스를 선정하는 일입니다. 만일 2000년 전 예수님께서 이스라엘 땅에서 공생애 기간에 행했던 수많은 이적 가운데 가장 놀라운 이적 10가지를 선정하라고 했다면, 어떤 이적이 일등으로 뽑혔을까요? 틀림없이 오병이어의 기적일 것입니다. 왜냐하면 네 개의 복음서 저자들이 모두 기록한 유일한 기적이기 때문입니다. 또한 예수님께서 기적을 행하셨을 때 현장에 있었던 사람들이 예수님을 왕으로 삼으려 한 적이 꼭 한 번 있는데, 바로 오병이어 기적 때였습니다. 오병이어의 기적이 Number One 기적이라면 그만큼 우리에게 주는 가르침이 클 수밖에 없습니다. 사복음서 가운데 마태, 마가, 누가복음은 내용이 거의 비슷합니다.

그러나 요한복음은 세 복음서에 없는 내용이 많이 들어 있습니다. 현장에 있었던 사도 요한이 전혀 다른 각도에서 기록했기 때문입니다. 오늘은

요한복음에 기록된 오병이어 기적을 자세히 살펴보겠습니다.

벳새다 어부의 한계

요한은 오병이어 기적 현장에서 제자들이 어떤 행동을 하였는가에 초점을 두고 있습니다. 요한복음에는 당시 상황 설명이 많이 생략되어 있습니다. 다른 세 복음서에 의하면, 수많은 사람들이 예수님께 찾아왔고, 예수님은 병자들을 고쳐주시고 이들에게 천국복음을 가르쳐 주셨습니다. 시간이 많이 흘러 저녁시간이 되었고 사람들은 몹시 배가 고픈 상태에 있었습니다. 그런데 그 곳은 빈들이어서 먹을 것이 없었습니다. 예수님은 이들이 집으로 돌아가다가 길에서 지쳐 쓰러질 것을 염려하셨습니다. 이들을 먹여서 보내야겠다고 생각하셨습니다.

이 때 예수님께서 제자 중 한 사람 빌립에게 질문합니다. "우리가 어디서 떡을 사서 이 사람들을 먹이겠느냐?" 5절에 있는 말씀입니다.

그런데 6절을 보시면 이것은 시험하는 질문이었습니다.

"이렇게 말씀하심은 친히 어떻게 하실지를 아시고 빌립을 시험하고자 하심이라"(6절).

열두 명의 제자 가운데 왜 하필이면 빌립을 지목하여 그를 시험하였을까요? 저는 이 문제를 가지고 일주일 동안 주석을 연구하며 씨름했습니다. 그래도 답이 나오지 않아 하나님께 기도하며 물어 보았습니다. 아마 마침 그 때 빌립이 예수님 바로 옆에 서 있었기 때문에 운이 없어 시험을 당했을 수도 있습니다. 그런데 제 생각은 그의 고향이 벳새다였기 때문이었던 것 같습니다. 오병이어 기적의 현장이 바로 벳새다였습니다. 그는 누구보다도 그 지역의 사정을 잘 알고 있었습니다. 빵을 파는 가게가 몇 개가 되며, 그곳이 어디인지, 그 가게들이 가지고 있는 재고가 얼마나 되는지 잘 알고 있었을 것입니다. 예수님의 질문을 보면 그런 것 같습니다. "우리가 어디서 떡을 사서 이 사람들을 먹이겠느냐?"

빌립을 시험 대상으로 삼으신 이유가 또 하나 더 있다고 생각합니다. 그것은 그의 믿음이 계산에 바탕을 둔 믿음이기 때문에 그 믿음을 고쳐주시기 위해 시험하신 것으로 보입니다. 그의 답변을 살펴보면 쉽게 알 수 있습니다.

"빌립이 대답하되 각 사람으로 조금씩 받게 할지라도 이백 데나리온의 떡이 부족하리이다"(7절).

빌립은 머리가 비상하게 돌아가는 사람입니다. 한 순간에 무리의 숫자를 세고, 그들을 먹이는데 필요한 돈의 액수를 계산합니다. 순간에 이백 데나리온이라는 예산이 나옵니다. 그런데 그의 말을 자세히 살펴보면 문제가 있음을 알 수 있습니다. 먼저 그의 인색한 마음입니다. "각 사람으로 조금씩 받게 할지라도"라는 말이 무슨 뜻입니까? 지금 예수님은 이들이 먼 길을 갈 수 있도록 배부르게 먹여 보내려고 하는데, '조금씩 받게 할지라도'가 뭡니까? '조금씩'은 헬라어로 '브라퀴스'라는 단어인데, '아주 조금, a little'이라는 뜻입니다. 그 다음 말도 마찬가지입니다. "각 사람으로 조금씩 받게 할지라도 이백 데나리온의 떡이 부족하리이다." 또 그의 인색한 마음이 드러납니다. '이백 데나리온의 떡이 부족합니다.' 그 대신 이렇게 말하면 얼마나 좋습니까? "각 사람을 배부르게 먹이는데 오백 데나리온이면 충분합니다."

레온 모리스라는 유명한 신학자는 빌립의 말이 '이들을 먹이는 것이 불가능합니다' 라는 대답이라고 해석합니다. 물론 빌립에게 있어서, 또 열두 제자들이 가지고 있는 총재산으로 볼 때, 이백 데나리온이 없었을 가능성이 큽니다. 건장한 남자의 8개월 월급에 해당하는 큰 돈이기 때문입니다.

> 빌립의 한계는 이백 데나리온입니다.
> 사람에게는 다 한계가 있습니다.

빌립의 한계는 이백 데나리온입니다. 사람에게는 다 한계가 있습니다. 내가 이만큼은 할 수 있는데 그 이상은 못 한다고 여기는 한계가 있습니다. 이것을 깨야 합니다. 이백 데나리온의 한계는 결코 수만 명의 굶주림을 해결할 수 없습니다. 굶주림도 해결 못하는 한계를 가지고 어떻게 영혼 구원의 사역을 감당할 수 있습니까?

여러분이 가지고 있는 이백 데나리온의 한계 때문에 주님께서 명령하시는데 "이 일은 불가능합니다."라고 대답하지 마시기 바랍니다. 저는 우리 교회가 이렇게 되는 것을 가장 경계하고 있습니다. 주님이 원하시는 일인데 "교회 예산이 없어서 못합니다. 불가능합니다."라고 말하는 것입니다. 이런 불신앙, 이런 불순종이 어디에 있습니까?

오늘 당신의 한계를 깨뜨리시기 바랍니다.

안드레의 의심

빌립에 이어 등장하는 제자는 안드레입니다. 안드레는 빌립과 단짝입니다. 성경에 제자들 이름이 나열될 때 항상 둘이 함께 따라 다닙니다. 둘은 같은 고향 출신입니다. 안드레도 자기 고향이기 때문에 뭘 안다고 나선 것 같습니다. 그가 예수님께 말합니다.

"제자 중 하나 곧 시몬 베드로의 형제 안드레가 예수께 여짜오되 여기 한 아이가 있어 보리떡 다섯 개와 물고기 두 마리를 가지고 있나이다 그러나 그것이 이 많은 사람에게 얼마나 되겠사옵나이까"(8, 9절).

안드레는 동작이 빠른 사람이었던 것 같습니다. 예수님께서 "너희에게 먹을 것이 있느냐?"라고 물었을 때, 그는 얼른 사람들에게 가서 먹을 것이 있는지 알아보았습니다. 보리떡 다섯 개와 물고기 두 마리를 가지고 있는 어린아이를 데려왔습니다. 거기까지는 좋았습니다. 그런데 그 뒤에 나오는 말은 불필요한 말입니다. "그러나 그것이 이 많은 사람에게 얼마나 되겠사옵나이까?"(How far will they go among so many?). 이런 것을 두고 주책바가지라고 합니다. 이런 말이 무슨 유익이 있습니까? 차라리 아이를 데리고 오지 말든가! 이런 주책바가지들이 교회 안에 가끔 있지요. 물론 우리 교회에는 없지만 말입니다.

저는 정말 이해 안되는 게 있습니다. 바로 제자들의 불신앙입니다. 누가복음을 보면 이때는 이미 제자들이 주님의 파송을 받아 성공적으로 전도여행을 다녀온 직후입니다. 전도여행을 하는 동안 예수님의 이름으로 귀신을 쫓아내며 각종 병자들을 고치는 기적과 능력을 행했습니다. 게다가 그동안 예수님께서 기적을 베푸시는 것을 수도 없이 보았습니다. 그렇다면 물로 포도주를 만들었던 예수님께 "예수님, 뭘 걱정하십니까? 예수님의 능력으로 이 오병이어로 이들을 배불리 먹여 주시지요!"라고 부탁해야 당연한 것 아닙니까? "그런데 이것 가지고 무엇을 할 수 있겠습니까?" 이렇게 안드레가 말하고 있으니 이것은 예수님의 능력을 의심하는 불신앙일 뿐입니다.

낭비를 금하시는 예수님

예수님은 빌립과 안드레의 말을 들으신 후 아무 대답을 하지 않으시고, 그 대신 행동으로 보여 주십니다. 무리들을 잔디에 50명, 100명씩 앉힌 후에 떡을 가지사 축사하신 후에 제자들로 하여금 무리들에게 나누어 주도록 하십니다. 사람들이 원하는 대로 나누어 주었습니다. 모든 사람들이 다 배불리 먹었습니다. 12, 13절에서 제자들에게 이렇게 말씀하십니다,

"그들이 배부른 후에 예수께서 제자들에게 이르시되 남은 조각을 거두고 버리는 것이 없게 하라 하시므로 이에 거두니 보리떡 다섯 개로 먹고 남은 조각이 열두 바구니에 찼더라."(12,13절)

"버리는 것이 없게 하라!" 이것이 예수님이 우리에게 하시는 명령입니다. 무리들이 배부른 후에 하신 말씀입니다. 우리는 배가 불렀을 때 조심해야 합니다. 돈이 많을 때 조심해야 합니다. 돈이 없을 때는 별 문제가 없습니다. 돈이 남아 돌 때 문제가 됩니다. 대부분 이 돈으로 죄를 짓습니다. 대부분 이 돈으로 허세를 부립니다.

교회도 마찬가지입니다. 재정이 넉넉하고 예산이 백만 불을 넘어가고 수백만 불이 될 때 위기가 옵니다. 초심을 잃어서는 안 됩니다. 1년 예산의 20%, 30%를 선교비로 사용하는 일을 멈추어서는 안 됩니다. 구제하고 지역사회 봉사하는 예산을 줄여서는 안 됩니다.

여기서 예수님은 재정 사용의 중요한 원칙을 우리에게 가르쳐 주고 계십니다.

오병이어의 조그만 것을 가지고 불려서 2만 명을 배불리는 양식을 만들 수 있는 주님께서 무엇이 부족하여 먹다 남은 조각을 버리지 말고 모으라

고 하십니까? 또 필요할 때마다 오병이어의 기적을 베푸시면 될 텐데... 하나님에게는 먹다 남은 조각이 쓰레기가 아닌 것입니다. 있어도 그만 없어도 그만인 것이 아닌 것입니다.

교회가 예산이 아무리 많아도 하나님께서 원치 않는 일이고 불필요한 일이면 그곳에 1불을 지출해서도 안 됩니다. 그러나 아무리 큰 액수라 할지라도 하나님께서 원하시는 일이라면 10만 불, 100만 불이라도 지출해야 합니다. 개인도 마찬가지입니다. 우리는 하나님의 청지기로서 맡겨진 물질을 주님의 뜻에 따라 사용해야 합니다.

국경 없는 오병이어

오병이어의 기적은 예수님이 우리의 모든 문제를 해결해 주실 수 있는 분이라는 사실을 확인시켜 주는 사건입니다. 여러분 가운데 경제적으로 어려운 분은 그 문제를 주님께 맡기시기 바랍니다. 여러분 가운데 가족 간의 문제로 어려움을 당하는 분이 계십니다. 이혼하여 혼자 힘들게 사시는 분들, 싱글 마더로 직장생활하며 자녀 양육하느라 삶에 지쳐 있는 분들이 계십니다. 여러분의 문제를 주님께 맡기시기 바랍니다. 빌립처럼 이 문제는 해결 불가능한 일이라고 주님께 아뢰지 마시기 바랍니다. 안드레처럼 주님이 이 문제를 해결하실 수 있겠느냐며 의심하지 마시기 바랍니다. 자신의 한계를 벗어나 더 큰 세상을 먹이신 예수님의 눈으로 세상을 보십시오.

하나님은 여러분의 모든 문제를 아실뿐 아니라, 그 모든 문제를 해결할 능력을 가지신 분입니다. 여러분의 문제를 하나님께 맡기시기 바랍니다.

제가 작년에 '너희가 먹을 것을 주어라' 는 제목으로 설교했을 때, 어떤 여자 분이 전화를 했습니다. 미국교회를 나가고 계신 집사님인데 CD로 제 설교를 들으면서 감동과 도전을 받았다며 적은 돈이지만 월 20불이면 네팔의 고아 한 명을 공부시킬 수 있다는데, 그렇게 돕고 싶다고 하셨습니다. 네팔의 선교사님과 연결시켜 드렸고, 그때부터 계속 한 명의 고아 학비를 후원하고 있습니다. 20불은 적은 돈입니다. 그 분에게 있어도 그만 없어도 그만인 액수입니다. 그러나 오병이어와 같은 돈입니다. 그 20불이 지금 네팔에서 한 고아의 인생을 바꾸고 있습니다. 그 아이가 장차 수많은 네팔 고아들의 아버지가 될 수도 있습니다. 네팔의 대통령이 될 수도 있습니다.

우리 교회가 6년 전부터 말레이시아의 이뽀신학원을 후원하고 있습니다. 말레이시아 이슬람들이 사용하는 바하사어로 가르치는 신학원입니다. 2년 전에 20여 명의 졸업생을 배출했고 내년 2월에 또 20명이 졸업하게 됩니다. 여러분이 정성스럽게 드리는 선교헌금으로 이 신학원 운영비 전액을 우리 교회가 지원하고 있습니다. 이들 졸업생은 우리들의 헌신의 열매입니다. 우리의 선교비 중에는 소망회 부모님들이 미 정부로부터 매달 받는 생계보조비에서 10불, 20불씩 바친 헌금도 들어 있고, 여러분들이 세탁소와 그로서리에서 피땀 흘려 번 돈을 바친 헌금도 들어 있습니다. 우리들의 오병이어들입니다. 그러나 자그마한 오병이어들이 지금 말레이시아를 바꾸고 있으며, 인도네시아와 튀니지, 중국, 네팔, 수십 개 국가의 선교의 현장을 바꾸고 있습니다.

사랑하는 성도 여러분!

나의 한계를 뛰어 넘어야 합니다. 믿음은 한계를 뛰어넘게 합니다. 믿음 없이 오병이어를 사용하면 한 사람만 먹일 수 있습니다. 그러나 믿음으로 오병이어를 주님께 바치면 수만 명이 배불리 먹을 수 있습니다.

하나님의 눈으로 세상을 바라보십시오. 오병이어의 기적을 날마다 체험하는 삶, 더 나아가 선교현장에서 이뤄지는 국경 없는 오병이어의 기적을, 날마다 이루게 하는 삶을 사시길 예수님의 이름으로 축복합니다.

천하만사가 다 때가 있습니다.

기도와 말씀으로 영적으로 깨어서

하나님이 주관하시는 때에 순응하십시오.

풍요의 시대이기도 하며 경제적 압박의 시대이기도 한,

예측 불가능한 21세기에 필요한 영성은

가난을 즐기는 자족입니다.

통일의 여건이 성숙된 지금, 세계선교를 감당하기 위해,

통일이라는 민족적 사명이 우리에게 주어졌습니다.

동터오는 통일의 새벽, 여러분은 무엇을 준비하고 계십니까?

이제 '시간을 아는 힘' 을 가져야할 때입니다.

Part 4
시간을 아는 힘

11 하나님이 모든 것을 지으시되 때를 따라 아름답게 하셨고 또 사람들에게는 영원을 사모하는 마음을 주셨느니라 그러나 하나님이 하시는 일의 시종을 사람으로 측량할 수 없게 하셨도다
12 사람들이 사는 동안에 기뻐하며 선을 행하는 것보다 더 나은 것이 없는 줄을 내가 알았고
13 사람마다 먹고 마시는 것과 수고함으로 낙을 누리는 그것이 하나님의 선물인 줄도 또한 알았도다
14 하나님께서 행하시는 모든 것은 영원히 있을 것이라 그 위에 더 할 수도 없고 그것에서 덜 할 수도 없나니 하나님이 이같이 행하심은 사람들이 그의 앞에서 경외하게 하려 하심인 줄을 내가 알았도다

전도서 3:11-14

Chapter 16

지금 바로 이 시간

본문 : 전도서 3:1-14

인간은 시간과 공간의 제한을 받는 존재입니다. 인간은 항상 "지금 여기에"(here and now) 살아가고 있습니다. 같은 장소에 있다고 해도 시간이 틀리면 결코 만날 수 없습니다. 같은 시카고 땅에 있지만, 100년 전에 이 땅에 살았던 사람들을 우리는 절대 만날 수 없습니다. 100년이 아니라 불과 10분 차이만 나도 서로 만날 수 없고, 삶을 나눌 수가 없습니다. 그래서 인생을 사는 동안 지금이 중요하고 여기가 중요합니다.

만사에 때가 있다

전도서 3장은 우리에게 시간과 때에 관해서 많은 지혜를 주고 있습니다. 전도서는 솔로몬 왕이 노년에 쓴 성경책입니다. 그는 하나님께서 주신 지혜와 인생 경험을 바탕으로, 성령의 감동을 받아 이 지혜의 책을 썼습니다.

때를 분별하는 일에 가장 중요한 진리가 1절에 적혀 있습니다.

"범사에 기한이 있고 천하만사가 다 때가 있나니"(1절).

이 말씀의 뜻은, 세상 모든 것에는 기한이 있고, 모든 일에는 해야 할 때가 있다는 것입니다. 다시 말해서 세상 모든 것은 존재하는 기간, 즉 수명이 있습니다. 사람도 수명이 있고, 짐승들도 수명이 있고, 물건들도 다 수명이 있습니다. 그리고 세상 모든 일(activity)은 해야 할 때(timing)가 있습니다. 무슨 일이든지 그 때를 놓치면 할 수 없습니다. "날 때가 있고 죽을 때가 있으며", 이것은 모든 것에는 수명이 있다는 말씀입니다. "심을 때가 있고 심은 것을 뽑을 때가 있으며", 이것은 모든 일에 해야 할 때가 있다는 말씀입니다.

> 모든 일에는 해야 할 때가 있다는 것입니다.

예측 가능한 인생사

인생사의 대부분은 예측이 가능합니다. 인생을 흔히 4계절에 비유합니다. 태어나서 청소년기를 인생의 봄에 비유하고, 20, 30대를 인생의 여름에, 40, 50대를 인생의 가을에, 그리고 60대 이후를 인생의 겨울에 비유합니다.

옛날에는 이 기간이 각각 20년 정도씩 되었는데, 사람들이 장수하고 100세 시대가 되면서, 조정이 불가피하게 되었습니다. 은퇴 이후의 겨울이 예전보다 많이 길어졌습니다. 청소년기에는 어떤 일을 해야 하고, 청년기에는 어떤 일을 해야 하는지, 그리고 장년기에는 또 어떤 일들이 기다리고 있는지, 충분히 예측을 할 수 있습니다.

만사에 때를 맞추어 살아야 한다

따라서 우리는 만사에 때를 맞추어 살아야 합니다.

봄에는 봄에 맞는 옷을 입고 봄에 해야 할 일을 하듯이, 인생의 4계절에 맞추어 사는 것이 가장 지혜로운 사람입니다.

봄에 부지런히 씨를 뿌린 농부와, 게으름을 피우며 씨를 뿌리지 않은 농부가 각각 어떤 가을을 맞이할지 우리는 안 봐도 잘 압니다. 마찬가지로 인생의 여름에 해당하는 20, 30대에 열심히 공부하고 일하며 성실히 자기 실력을 쌓은 사람과, 중요한 시절을 허송세월한 사람은 인생의 가을에서 큰 차이를 나타낼 수밖에 없습니다.

인생을 순리대로 살아야 합니다. 여름에는 여름옷을 입고, 겨울에는 겨울옷을 입어야 하듯이 인생도 순리대로 살아야 합니다.

하나님께서 정해 놓으신 때를 인간이 결코 거슬러서 살 수가 없습니다. 하나님께서 일 년 4계절을 정해 놓으셨습니다. 어김없이 여름이 가고 가을이 왔습니다. 나는 여름을 좋아한다고 계속 여름이기를 바란다고 날씨가 여름 날씨로 머물러 있지 않습니다. 찬바람이 부는 가을이 왔으면 가을에 맞춰 살면서 가을을 즐겨야 합니다.

하루도 마찬가지입니다. 하나님께서 하루 24시간 낮과 밤의 때를 정해 놓으셨습니다. 낮에는 열심히 일하고 밤에는 쉬어야 하고 잠을 자야 합니다. 이것이 순리대로 사는 인생입니다. 이렇게 살면 몸도 건강하고 일도 능률이 높습니다.

> 하나님의 때를 따라 사는 삶이 가장 아름답습니다.

인생을 순리대로 사는 삶이 가장 아름답습니다. 11절 말씀은 바로 이 진리를 우리에게 가르쳐 주고 있습니다.

"하나님이 모든 것을 지으시되 때를 따라 아름답게 하셨고 또 사람들에게는 영원을 사모하는 마음을 주셨느니라"(11절).

먼저 자연을 생각해 보겠습니다. 자연을 보면 때를 따라 아름다움이 있습니다. 산은 각 계절마다 독특한 아름다움이 있습니다. 봄의 연초록색 신록, 여름의 짙은 무성함, 가을의 총천연색 단풍, 겨울의 흰옷 입은 설경이 얼마나 아름답습니까? 바다도 마찬가지입니다. 봄, 여름, 가을, 겨울, 각각 바다의 풍경이 다른 모습으로 우리에게 아름다움을 선사합니다.

이번에는 사람을 생각해 보겠습니다. 사람도 때를 따라 아름다움이 있습니다. 갓난아이, 유치원생, 초등학생, 청소년, 청년, 중년, 노년마다 독특한 아름다움이 있습니다. 자녀들을 기르면서 각 시기에 나타나는 아름다움을 즐기시기 바랍니다. 그것이 행복입니다. 또한 우리는 자기 인생의 때에 맞는 일을 하며, 그 시절을 즐기면서 살아야 합니다. 청년은 청년답게, 장년은 장년답게 사는 것이 가장 보기에 좋습니다. 그렇게 사는 인생이 가장 행복합니다.

예측 불가능한 특별한 때가 있다

그러나 세상의 모든 일이 예측 가능하지는 않습니다. 인생에는 예측이 불가능한 특별한 때가 있습니다. 이 때는 인생에서 매우 중요한 것입니다. 따라서 우리는 그 때를 분별해야 합니다.

첫째, 구원의 날과 은혜의 때가 있습니다.

"내가 은혜 베풀 때에 너에게 듣고 구원의 날에 너를 도왔다 하셨으니 보라 지금은 은혜 받을 만한 때요 보라 지금은 구원의 날이로다"(고후 6:2).

하나님은 모든 사람이 구원받기를 원하시지만 하나님께서 정하신 구원의 날이 있습니다. 미국 통계에 의하면 크리스천의 80% 이상이 18세 이전에 예수님을 구주로 영접한다고 합니다. 나이 들면 예수 믿기가 어려워집니다. 따라서 우리는 어린이와 청소년들에게 열심히 복음을 전해야 합니다. 구원의 날을 놓쳐서는 안 됩니다.

하나님께서 한 개인에게, 한 민족에게 은혜를 부어주시는 때가 있습니다. 우리나라는 1970년대와 80년대에 교회가 크게 부흥했던 시기였습니다. 일주일에 10개, 20개씩 교회가 세워졌습니다. 사람들이 교회로 몰려왔습니다. 하나님께서 우리 민족에게 은혜를 크게 내려주신 때였습니다. 지금은 네팔이 은혜의 때를 맞이했습니다. 힌두교를 믿던 사람들이 제 발로 교회에 나오고 있습니다. 매일 교회가 세워지고 있으며 교회마다 사람들이 모여들고 있습니다. 젊은이들이 교회로 나오고 있습니다.

둘째, 하나님께서 우리에게 사명과 비전을 주실 때가 있습니다.

모세는 40세 때 동족 히브리인들을 위해 큰일을 하고자 했습니다. 그는 이집트 왕자의 지위를 갖고 있었지만, 살인자가 되어 광야로 도망가야 했습니다. 그는 사십년 동안 미디안 광야에서 양을 쳤습니다. 80세 되는 해, 하나님께서 노인이 된 모세에게 이스라엘 백성을 애굽에서 구출하라는 사명을 주셨습니다.

예레미야 선지자는 약관 20세 청년 때 하나님의 사명을 받았습니다. 그가 성전에서 기도하고 있던 중, 하나님께서 나타나셔서 비전을 보여 주시며 선지자의 사명을 주셨습니다.

베드로는 갈릴리 바다에서 고기를 잡고 있을 때, 예수님께서 "나를 따라오너라 내가 너를 사람을 낚는 어부가 되게 하리라"는 말씀과 함께 그를 부르셨습니다. 주님은 그에게 사도의 사명을 주셨습니다.

이처럼 하나님은 우리를 부르시고 사명과 비전을 주십니다. 젊었을 때 일찍 사명을 받는 사람도 있고, 나이 들어 늦게 사명을 받는 사람도 있습니다.

셋째, 종말의 때가 있습니다.

종말은 가장 중요하며 특별한 때입니다. 그 때가 점점 가까이 오고 있습니다. 예수님은 종말에 대해 여러 번 말씀하셨습니다. 그 때를 분별하라고 명령하셨습니다.

"무화과나무의 비유를 배우라 그 가지가 연하여지고 잎사귀를 내면 여름이 가까운 줄을 아나니 이와 같이 너희도 이 모든 일을 보거든 인자가 가까이 곧 문 앞에 이른 줄 알라"(마 24:32-33).
"그러므로 깨어 있으라 어느 날에 너희 주가 임할는지 너희가 알지 못함이니라. 너희도 아는 바니 만일 집 주인이 도둑이 어느 시각에 올 줄을 알았더라면 깨어 있어 그 집을 뚫지 못하게 하였으리라 이러므로 너희도 준비하고 있으라 생각하지 않은 때에 인자가 오리라"(마 24:42-44).

우리는 더욱 기도와 말씀에 힘쓰며 영적으로 깨어있는 삶을 살아야 합니다.

예수님의 말씀대로 우리는 깨어 있어야 합니다. 그래야 종말의 때가 갑자가 도둑처럼 임하지 못합니다. 점점 종말이 가까워오고 있는 때이므로, 우리는 더욱 기도와 말씀에 힘쓰며 영적으로 깨어있는 삶을 살아야 합니다.

하나님의 때를 기다리라

우리는 하나님의 때를 기다려야 합니다. 우리의 노력이나 의지와 상관없이 하나님의 뜻은 하나님의 때에 이루어집니다. 모든 일은 하나님의 때에 이루어집니다. 우리가 그 때를 앞당길 수도 없고, 늦출 수도 없습니다. 성경은 하나님의 때를 기다리는 것이 곧 믿음이라고 말씀하고 있습니다.

아브라함의 약속의 아들

아브라함은 이삭을 얻기까지 25년을 기다려야 했습니다. 그는 75세에 하나님의 약속을 받았으나, 100세까지 기다려야 했습니다. 그러나 그는 인내하며 기다리지 못하고 인간적인 방법을 사용하여 첩을 통해 이스마엘을 낳게 되었고, 그 결과 이스라엘과 아랍국가 간의 전쟁과 갈등이 수천 년 동안 지금까지 이어지게 만들었습니다.

포로귀환 70년

바벨론에 포로로 끌려간 이스라엘 백성들은 70년이 찰 때까지 기다려야 했습니다. 70년은 하나님께서 정하신 기간이었습니다. 그 때가 다 되었을 때, 하나님은 기적적인 방법으로 이스라엘 백성들이 예루살렘에 돌아올 수 있게 하셨습니다.

이른 비와 늦은 비

팔레스타인에 사는 이스라엘 백성들은 이른 비와 늦은 비를 기다려야 했습니다. 파종 전에 내리는 이른 비와, 추수 전에 내리는 늦은 비를 기도하고 기대하면서 기다렸습니다. 왜냐하면 비가 내리는 것은 하나님의 주권에 속한 일이었기 때문입니다. 마찬가지로 우리 역시 인생의 이른 비와 늦은 비를 기다려야 합니다.

지금 바로 이 시간

사랑하는 성도 여러분! 이제 말씀을 맺겠습니다.

유진 피터슨의 책에 이런 글이 있습니다. "시간이 모독을 당하면 삶이 모독을 당한다. 이러한 모독을 가장 두드러지게 보여주는 증거는 서두름과 꾸물거림이다. 서두르며 붙잡든, 꾸물거리며 부주의하든 시간은 침해당한다."

우리는 서둘러서도 안 되고, 꾸물거려서도 안 됩니다. 지혜롭게 때를 분별하면서, 그 때를 놓치지 않고, 때에 합당한 일을 해야 합니다. right time에 right place에서 right thing을 하는 성도 여러분이 되시기를 주님의 이름으로 축원합니다. .

> 지혜롭게 때를 분별하면서,
> 그 때를 놓치지 않고,
> 때에 합당한 일을
> 해야 합니다.

그런즉 너희가 어떻게 행할지를 자세히
주의하여 지혜 없는 자 같이 하지 말고 오직
지혜 있는 자 같이 하여 세월을 아끼라 때가
악하니라 그러므로 어리석은 자가 되지 말고
오직 주의 뜻이 무엇인가 이해하라
(에베소서5:15-17)

1 범사에 기한이 있고 천하 만사가 다 때가 있나니

(……)

10 하나님이 인생들에게 노고를 주사 애쓰게 하신 것을 내가 보았노
라

11 하나님이 모든 것을 지으시되 때를 따라 아름답게 하셨고 또 사람
들에게는 영원을 사모하는 마음을 주셨느니라 그러나 하나님이 하시
는 일의 시종을 사람으로 측량할 수 없게 하셨도다

전도서 3:1, 10–11

Chapter 17

측량할 수 없는 시간

본문 : 전도서 3:1–15

왜 크리스천에게 불행한 일이 지금 일어나는가?

우리는 지난 주간에 한 애기의 죽음 소식을 듣고 큰 슬픔에 잠겼습니다. 김사랑 집사님의 손자가 갑자기 죽은 것입니다. 우리의 슬픔이 컸던 이유는 건강하게 잘 놀고 잘 자라던 애기가 갑자기 자다가 죽었기 때문입니다. 요즘 유아가 갑자기 사망하는 'SIDS(sudden infant death syndrome)'가 많아졌습니다. 미국에서만 일 년에 2천 명 이상의 유아가 이렇게 죽는다고 합니다.

집사님께서 오랫동안 기도하여 응답으로 얻은 애기, 생후 5개월밖에 안 된 애기를 왜 하나님께서는 데려가신 것일까? 부모님과 할머니에게 큰 기쁨과 행복을 주던 사랑스런 애기를 왜 빼앗아 가신 것일까? 왜 우리 인생에서 이런 갑작스런 죽음들이 일어나고, 큰 슬픔의 사건들이 발생하는 것일까? 우리는 이런 의문들을 가지게 됩니다. 또한 이 유아의 영혼은 어떻게 되는 것일까? 천국에 갔을까, 아니면 지옥에 갔을까? 이런 질문도 갖게 됩니다.

본문 말씀을 중심으로 이 두 가지 질문, '왜 이런 불행한 일이 지금 일어나는가?' 와 '어릴 때 죽은 유아의 구원은 어떻게 되는 것일까?' 에 대한 해답을 찾아보며 은혜를 받기 원합니다.

어릴 때 죽은 아이의 구원 문제

성경은 명확하게 어린 나이에 죽은 유아들의 구원에 대해 설명하고 있지 않습니다. 그러나 이런 아이들에게도 구원이 있음을 암시하는 구절들은 여럿 있습니다.

다윗은 왕의 지위를 이용하여 남의 아내 밧세바를 강제로 데려와 동침을 하였습니다. 그리고는 그 일을 은폐하기 위해 남편인 우리아를 전쟁터에서 죽게 만듭니다. 간음죄와 살인죄를 동시에 범했습니다. 그런데 밧세바가 임신을 하게 되었고 시간이 지나 아들을 낳게 되었습니다. 이때까지 다윗은 하나님께 자신의 죄를 회개하지 않았습니다. 하나님은 나단 선지자를 통해 다윗의 죄를 지적하시며 회개를 촉구하십니다. 형벌로 애기가 죽을병에 들게 합니다. 다윗은 식음을 전폐하고 하나님께 기도하며 애기의 생명을 살려줄 것을 간구합니다. 그러나 애기는 일주일 만에 죽고 맙니다. 이때 다윗이 이렇게 말합니다.

"나는 그에게로 가려니와 그는 내게로 돌아오지 아니하리라"(삼하 12:23).

유명을 달리한 애기가 다시 살아서 다윗에게 돌아오지는 못하지만, 장차 자신이 죽으면 애기가 있는 천국에 가서 만날 것이라는 고백입니다. 우리가 잘 알다시피 다윗은 어릴 때부터 성령이 충만한 사람이었고, 많은 계시를 받은 사람입니다. 오실 예수님에 대한 예언의 시, 예수님이 당할 고난에 관한 예언의 시를 여러 편 썼습니다. 그는 오실 메시야를 바라보는 믿음이 있었습니다. 구원에 관한 많은 계시를 받고, 영적 세계에 관한 비밀을 많이 깨달은 사람입니다. 그는 죄악 중에 태어나 자신의 죄 때문에 죽은 애기이지만 하나님의 은혜로 그 아이가 구원받아 천국에 들어간 것을 믿음의 눈으로 바라본 것입니다.

유아 세례

종교개혁 당시에 재세례파(Anabaptism)라는 종파가 있었습니다. 이들은 당시 대다수의 사람들이 자기는 어릴 때 유아세례를 받았기 때문에 구원받았다고 생각하여 어른이 되어도 제대로 신앙생활 하지 않는 것을 보면서 유아세례의 무효를 주장하였습니다. 이들은 성경에 의하면 '죄를 회개하고 예수를 믿고 세례를 받아야 한다' 며, 복음을 이해할 수도 없고 믿음을 가질 수도 없는 애기 때 받은 유아세례는 인정할 수 없으니 세례를 다시 받아야 한다고 주장했습니다. 그래서 이들을 '재세례파' 라고 부르게 되었고, 이들의 신학을 이어받은 교단이 오늘날의 침례교입니다. 그래서 침례교는 지금도 유아세례를 시행하지 않고 있습니다. 그러나 장로교나 성공회, 루터교 등은 계속 유아세례를 매우 중시하고 있고 철저히 지키고 있습니다. 왜냐하면 성경에는 유아세례에 관한 구절이 여러 번 기록되어 있기 때문입니다. 또한 유아세례는 아이들의 구원에 중요한 역할을 하기 때문입니다.

"베드로가 이르되 너희가 회개하여 각각 예수 그리스도의 이름으로 세례를 받고 죄 사함을 받으라 그리하면 성령의 선물을 받으리니 이 약속은 너희와 너희 자녀와 모든 먼 데 사람 곧 주 우리 하나님이 얼마든지 부르시는 자들에게 하신 것이라 하고"(행 2:38-39).

'회개하고 예수님의 이름으로 세례를 받으면 죄사함을 받으며, 아울러 성령을 선물로 받게 되는 약속'은 그 당시 베드로의 설교를 듣고 있는 어른들은 물론 아이들에게도 함께 주어진 것입니다. 영어성경으로 읽으면 더 분명해집니다.

"The promise is for you and your children..."

이 약속의 말씀대로 한 가정이 예수님을 믿게 되면 온 가족이 함께 세례를 받았습니다. 고넬료의 가정이 그랬고, 빌립보 감옥의 간수 가정이 그랬습니다.

고린도전서 7장 14절에 보면, 부모 중의 한 사람이 예수님을 믿으면 그 자녀들은 부모로 인하여 거룩해진다고 말씀하고 있습니다.

"믿지 아니하는 남편이 아내로 말미암아 거룩하게 되고 믿지 아니하는 아내가 남편으로 말미암아 거룩하게 되나니 그렇지 아니하면 너희 자녀도 깨끗하지 못하니라 그러나 이제 거룩하니라"(고전 7:14).

유아세례를 비판하는 사람들은, 아이들이 스스로 복음을 이해할 수 있는 지적 능력이 없고 성령을 받을만한 능력이 없다고 주장합니다. 그러나 누가복음 1장 15, 16절을 보면 세례 요한이 태중에 있을 때부터 성령으로 충만했고 하나님이 거룩하게 만드셨음을 알 수 있습니다.

"이는 그가 주 앞에 큰 자가 되며 포도주나 독한 술을 마시지 아니하며 모태로부터 성령의 충만함을 받아 이스라엘 자손을 주 곧 그들의 하나님께로 많이 돌아오게 하겠음이라."(눅 1:15-16)

세례 요한뿐만이 아닙니다. 예수님도 어릴 때부터 성령 충만하였습니다. 하나님의 능력은 지적 능력이 완전히 발육하지 않은 유아들에게도 성령 충만을 주실 수 있습니다.

유아세례의 성경적 근거를 한 가지 더 말씀드리고자 합니다. 신약의 세례는 구약의 할례와 연결되어 있습니다. 하나님의 선택받은 언약의 백성이라는 증표(sign)로 아브라함과 그의 자손은 모두 할례를 받았습니다. 할례는 난지 8일째 되는 날에 받았습니다. 생후 8일밖에 안 된 애기는 전혀 그 의미를 모르고 단지 부모의 뜻에 따라 할례를 받습니다. 그러나 그 할례는 효력이 있습니다. 이방인 중에 하나님을 믿기 원하는 사람들이 유대교인이 되려면 할례를 받아야 했습니다. 이들은 할례의 의미를 분명히 이해하고 받은 사람들입니다. 세례도 마찬가지입니다. 어릴 때 세례 받지 못한 분들은 성년이 되어 장년세례를 받습니다. 그러나 믿는 가정에서 태어난 애기들은 언약의 자손이기 때문에 유아세례를 받습니다. 세례를 받는 순간 애기는 교회의 품속에 안기게 되며 하나님의 은혜 속에서 성장하게 됩니다.

이런 몇 가지 성경적 근거를 통해 우리는 어릴 때 죽은 유아들에게도 구원이 있음을 알게 됩니다. 그러나 모든 유아들이 다 구원받는 것은 아닙니다. 하나님의 예정과 선택에 따라 구원이 있는 것은 어른이나 아이가 다 동일합니다. 우리의 신앙고백을 정리해 놓은 웨스트민스터 신앙고백서는 이 부분을

> 하나님의 예정과 선택에 따라 구원이 있는 것은 어른이나 아이가 다 동일합니다.

이렇게 설명하고 있습니다.

> "어려서 죽은 하나님의 선택을 입은 아기는 자신이 기뻐하시는 때에, 기뻐하시는 곳에서, 기뻐하시는 방식으로 역사하시는 성령을 통하여, 그리스도에 의하여 중생되고 구원을 얻는다."(10장 3항)

의인의 자손은 천 대(1,000 generations)에 이르도록 축복을 누리며, 악인의 자손은 3, 4대가 저주를 받는다는 말씀이 있습니다. 의인이란 하나님을 경외하며 믿음으로 사는 사람을 의미합니다. 바로 우리와 같은 성도들을 지칭합니다. 우리가 온전히 신앙생활을 할 때 우리로 말미암아 우리의 자손들이 천 대에 이르도록 축복을 받게 된다는 약속의 말씀입니다. 물론 부모의 믿음으로 자식이 구원받는 것은 아닙니다. 구원은 철저히 자기 자신의 믿음으로 얻게 됩니다. 그러나 믿음의 가정에서 태어나는 것은 큰 축복입니다. 경건한 부모님의 기도를 통해 임신되고, 양육되며, 주의 말씀과 사랑으로 훈육 받는 자녀는 구원받을 확률이 훨씬 높습니다.

유아세례를 받은 사람이 모두 구원받는 것은 아닙니다. 세례 의식 자체가 구원을 보장하는 것이 아니기 때문입니다. 그러나 우리가 경험적으로, 또 통계적으로 보면 유아세례 받은 사람들은 대부분 성년이 되어서도 믿음생활을 잘합니다. 이런 사실을 미루어 유아세례를 받는 사람은 구원받을 확률이 높다고 우리가 말할 수 있다는 것입니다.

하나님의 때와 절대주권

두 번째로 생각할 것은 왜 이런 일이 우리 인생에서 일어나는가 하는 것입니다.

본문 1절은 이렇게 시작합니다.

"범사에 기한이 있고 천하만사가 다 때가 있나니."(1절)

세상 모든 일에는 다 때가 있다고 선언합니다. 이때는 물론 하나님의 때입니다. 날 때가 있고 죽을 때가 있습니다. 사람은 자기가 태어나고 싶을 때 태어나고, 자기가 죽고 싶을 때 죽는 존재가 아닙니다. 우리는 오래 살고 싶어 하지만, 죽음은 우리에게 예고 없이 다가옵니다. 3절을 보면 만사의 때를 하나님이 주관하심을 분명히 알 수 있습니다. "죽일 때가 있고 치료할 때가 있으며."

성경에 보면 죽을병에 걸린 사람을 하나님께서 치료해 주시는 경우가 있습니다. 히스기야 왕이 대표적인 경우입니다. 반면에 중병에 걸리게 하여 하나님께서 죽이는 경우가 있습니다. 배에 나쁜 벌레가 생겨 죽었던 헤롯 왕이 대표적인 경우입니다. 사랑하는 가족 중에 갑자기 세상을 떠나는 사람이 생길 때, 우리는 왜 하나님께서 하필이면 지금 이런 일을 허락하시는가 의문을 품게 됩니다.

그런데 11절을 보면 우리의 의문에 답이 적혀 있습니다.

"하나님이 모든 것을 지으시되 때를 따라 아름답게 하셨고 또 사람들에게는 영원을 사모하는 마음을 주셨느니라 그러나 하나님이 하시는 일의 시종을 사람으로 측량할 수 없게 하셨도다."(11절)

여기서 우리는 두 가지 사실을 깨닫게 됩니다. 하나는 하나님께서 모든 만물을 때를 따라 아름답게 하셨다는 사실이고, 또 하나는 하나님이 하시는 일을 인간이 측량할 수 없게 하셨다는 사실입니다. 오늘 우리에게 일어나는 모든 일들은 그 때가 가장 아름답고 완벽한 timing이라는 것을 믿어야 합니다. 갑자기 사랑하는 아기가 죽은 것은 그에게 있어 가장 아름다운 때, 가장 좋은 때에 일어난 일이라는 확신을 가져야 합니다. 아울러 우리는 왜 지금이 가장 아름다운 때인지 다 이해할 수 없다는 사실을 인정해야 합니다. 지금은 모르지만 몇 년 후, 몇 십 년 후에는 그 이유를 알게 될 것입니다. 혹 그 때에도 모른다면 장차 천국에 가서 알게 될 것입니다. 우리가 이렇게 잘 모르는 것은 하나님께서 일부러 그렇게 만드셨기 때문인데, 그 이유는 우리로 하여금 하나님을 경외케 함입니다.

11절에 중요한 내용이 하나 들어 있습니다.

"또 사람들에게는 영원을 사모하는 마음을 주셨느니라."

유한한 인생을 사는 우리 사람들은 영원을 사모하고 있는데, 그 마음을 하나님께서 주셨습니다. 우리는 늘 영원을 생각합니다. 죽음 이후의 세계를 상상해 봅니다. '인간이 죽으면 끝일까, 아니면 사후 세계가 있을까?' '영원히 살고 싶은데 그 길은 무엇일까' 이런 생각을 합니다. 영원의 문제는 영원하신 분만이 해결해 줄 수 있습니다. 영원히 존재하시는 분은 하나님뿐입니다. 그 분이 우리의 영원을 사모하는 마음을 채워줄 수 있습니다.

"하나님께서 행하시는 모든 것은 영원히 있을 것이라 그 위에 더할 수도 없고 덜 할 수도 없나니 하나님이 이같이 행하심은 사람들이 그의 앞에서 경외하게 하려 하심인 줄을 내가 알았도다"(14절).

그동안 수없이 많은 인간들이 잠시 왔다가 갔지만, 우주는 불변하고 하나님의 하시는 일들도 불변합니다. 지구의 공전과 자전을 통해 낮과 밤이 일정한 주기로 반복되고 있고, 봄, 여름, 가을, 겨울의 4계절이 변함없이 순환되고 있습니다. 우리가 죽은 후에도 4계절은 앞으로 계속될 것이 틀림없습니다. 하나님이 만물을 주관하시는 때를 인간이 앞당길 수도 없고 뒤로 늦출 수도 없습니다. 조금 더하거나 덜할 수도 없습니다. 이것이 바로 하나님의 절대주권을 가리키는 말입니다. 세상 만물과 만사는 모두 하나님이 주관하십니다.

나이가 들수록 깨닫는 사실이 있습니다. 세상이 내 능력과 내 뜻대로 안 된다는 사실입니다. 세상이 내 능력대로 되지 않습니다. 능력이 뛰어난 사람이 다 성공하지 않습니다. 지혜가 탁월하고 열심히 일한다고 다 성공하지 않습니다. 다 때가 맞아야 합니다. 세상 사람들은 이것을 "운이 맞아야 한다."고 말합니다. 그러나 우리 믿는 사람들은 이것을 '하나님의 때와 주권' 이라고 말합니다. 우리가 주어진 삶에 최선을 다하면 하나님께서 당신의 때에 우리를 높이시고, 우리를 사용하십니다.

항상 완벽한 하나님의 때

범사에 기한이 있고 천하만사가 다 때가 있는데, 그 때를 하나님이 주관하십니다. 하나님을 알고 하나님이 주관하시는 그 때에 순응하는 사람이 행복한 인생을 살게 됩니다. 하나님의 때는 완벽합니다. 모든 일은 가장 좋고 아름다울 때에 일어납니다. 슬프고 흉한 일도 가장 좋을 때 일어나는 것임을 우리는 믿어야 합니다.

하나님을 믿지 않는 분들을 위해 한 가지 말씀을 꼭 드리고 싶습니다. 인간은 날 때가 있고

> 하나님이 주관하시는 그 때에 순응하는 사람이 행복한 인생을 살게 됩니다.

죽을 때가 있습니다. 우리는 언제 죽을지 그 때를 알 수 없습니다. 오늘이 될 수도 있고 내일이 될 수도 있습니다. 우리에겐 영원을 사모하는 마음이 있고, 또 하나님을 알고 싶은 마음이 있습니다.

지금까지 살아오신 경험을 통해 만물의 때를 주관하시는 절대자가 계신다는 사실을 깨달았을 것입니다. 그 분이 바로 하나님입니다. 그 분에게 인생을 맡기시기 바랍니다. 그 분은 결코 여러분을 실망시키지 않으실 것입니다. 기쁨과 평강을 주실 것입니다. 형통한 인생을 주실 것입니다. 예수님을 믿고 하나님의 자녀가 되는 축복을 누리시기를 축원합니다.

너희는 이 세대를 본받지 말고 오직 마음을
새롭게 함으로 변화를 받아 하나님의 선하시고
기뻐하시고 온전하신 뜻이 무엇인지
분별하도록 하라 (로마서12:2)

6 그러나 자족하는 마음이 있으면 경건은 큰 이익이 되느니라
7 우리가 세상에 아무 것도 가지고 온 것이 없으매 또한 아무 것도
가지고 가지 못하리니
8 우리가 먹을 것과 입을 것이 있은즉 족한 줄로 알 것이니라
9 부하려 하는 자들은 시험과 올무와 여러 가지 어리석고 해로운 욕
심에 떨어지나니 곧 사람으로 파멸과 멸망에 빠지게 하는 것이라
10 돈을 사랑함이 일만 악의 뿌리가 되나니 이것을 탐내는 자들은
미혹을 받아 믿음에서 떠나 많은 근심으로써 자기를 찔렀도다

디모데전서 6:6-10

Chapter 18

가난을 즐기는 시대

본문 : 디모데전서 6:3-12

예측이 불가능한 미래

미 전국에서 월 페이먼트(payment)를 내지 못해 차압을 당하는 사람들이 많습니다. 지난 2007년 8월 한 달 동안 차압을 당한 주택수가 24만 3947채나 되는데, 이는 7월에 비해서 36% 증가한 것이며, 지난 해 8월에 비해서는 115%나 증가한 것이라고 합니다. 이 숫자는 510 가구 당 한 집 꼴입니다. 네바다, 캘리포니아, 플로리다, 이 세 주가 차압당한 숫자가 가장 높습니다. 문제는 점점 차압을 당하는 주택수가 급증하고 있다는 점입니다.

이러한 차압 증가의 이유는 서브 프라임 몰게지(Subprime mortgage) 때문입니다. 요즘 서브 프라임이라는 말이 뉴스에 많이 등장하고 있습니다. 서브 프라임 몰게지란 우리말로 비우량 주택담보대출입니다. 1990년 저소득층의 내 집 마련 기회를 넓히기 위해 만든 융자상품으로서, 다운페이(downpay) 금액을 적게 하고, 처음 2년 동안 매달 페이먼트를 적게 내게 하지만, 그 대신 이자율이 높습니다. 전반적인 경기침체와 부동산 시장이 악화되면서 페이먼트를 내지 못하는 사람들이 결국 집을 차압당하고 있는 것입니다. 2005년도 말부터 서브 프라임 몰게지가 급증했는데, 2년 후에 이자율이 올라가고 월 페이먼트가 크게 증가하는 부담을 감당 못하는 사람들이 더욱 많아질 것으로 예상하고 있습니다. 월 페이먼트를 내지 못하는 사람이 많아짐에 따라, 서브 프라임 융자회사들이 파산하기 시작했고, 융자회사의 파산은 다른 은행과 기업, 주식시장에 연쇄적인 파급을 가져오고 있습니다.

이러한 어려움을 대부분의 사람들이 피부로 느끼고 있습니다. 요즘 비지니스가 최악이라고 말하는 분들이 많이 계십니다. 그동안 이자율이 많이 올라서 월 페이먼트가 늘어났기 때문에, 당연히 지출을 줄여야 합니다. 그래서 외식하거나 세탁소를 이용하는 횟수를 줄이고 있습니다. 비즈니스 하는 분들은 자연히 매출이 줄어들 수밖에 없습니다.

우리가 살고 있는 21세기는 20세기보다 더 미래 예측이 불가능한 시대임이 틀림없습니다. 수명이 늘어나고 노인들의 건강이 좋아진 것은 반가운 일이지만, 경제적인 어려움 때문에 은퇴 후에도 일하는 사람들이 계속 늘어나고 있습니다. 65세부터 75세 사이의 은퇴한 사람 가운데 1/4이 일하고 있다고 합니다.

부익부 빈익빈 현상이 더욱 심화되고 있고, 살기가 점점 어려워지고 있습니다. 평균수명은 계속 늘어나 우리도 오래 살 것으로 예상되지만, 그 때 경제상황은 어떻게 될 것인지, 과연 은퇴 준비는 어떻게 해야 하는지 전혀 예측할 수가 없습니다.

이러한 21세기에 필요한 영성은 무엇입니까?

21세기가 요구하는 영성

자족하는 마음을 가지라

디모데전후서는 말세에 관한 구절이 여러 번 나옵니다. 말세를 사는 성도들이 가져야 할 신앙에 대해 이야기하고 있습니다. 6절입니다.

"그러나 자족하는 마음이 있으면 경건은 큰 이익이 되느니라"(6절).

21세기를 위한 첫 번째 영성은 '자족하는 영성' 입니다.

하나님은 우리에게 자족하는 마음을 가질 것을 말씀하고 계십니다. '자족' 이란 스스로 만족하는 것을 뜻합니다. 현재에 만족하는 것이고, 가진 것에 만족하는 것입니다.

7절은 자족의 이유라고 할 수 있습니다.

"우리가 세상에 아무 것도 가지고 온 것이 없으매 또한 아무 것도 가지고 가지 못하리니"(7절).

성경은 우리가 '적신(赤身)'으로 태어났다고 말합니다. '붉은 몸' 이란 말인데, 아무 것도 걸치지 않은 빨간 핏덩이로 태어났다는 뜻입니다. 우리는 올 때 빈손으로 왔습니다. 그러니 사는 동안 가지고 있는 것은 그만큼 늘어난 재산입니다. 그런데 갈 때도 빈손으로 갑니다. 수많은 옷 가운데 주머니가 없는 옷은 수의 하나뿐입니다. 잠옷도 주머니가 있습니다만, 수의는 주머니가 없습니다. 가져갈 수가 없기 때문입니다.

'공수래공수거(空手來空手去)' 이것을 생각하면 우리는 자족의 마음을 쉽게 가질 수 있습니다.

8절은 '자족의 수준' 이라 할 수 있습니다.

"우리가 먹을 것과 입을 것이 있은즉 족한 줄로 알 것이니라"(8절).

여기서 '먹을 것' 과 '입을 것' 이라는 표현은 가장 기본적인 것을 의미합니다. 생활의 최저 한도에 만족하라는 성경말씀입니다. 사실 우리가 살아가는데 필요한 돈은 조금이면 됩니다. 거의 대부분의 돈은 없어도 되는 것, 안 써도 되는 것에 지출되고 있습니다. 특히 우리 한국 사람들은 체면 때문에 낭비하는 것이 많습니다. 우리 믿는 사람들은 이것을 극복해야 합니다. 빚을 얻어서라도 손님대접을 해야 하고, 잔칫상을 차려야 하고, 부조를 내야 하는데, 이제는 이런 일들을 청산해야 합니다. '먹을 것과 입을 것' 이 있으면 족한 줄로 아는 자족은, 불필요한 지출을 없애는 것입니다.

소유욕을 버리라

21세기를 위한 두 번째 영성은 '소유욕을 버리는 영성' 입니다.
우리는 '자족하는 마음을 갖는 것' 과 아울러 소유욕을 버려야 합니다.

"부하려 하는 자들은 시험과 올무와 여러 가지 어리석고 해로운 욕심에 떨어지나니 곧 사람으로 파멸과 멸망에 빠지게 하는 것이라 돈을 사랑함이 일만 악의 뿌리가 되나니 이것을 탐내는 자들은 미혹을 받아 믿음에서 떠나 많은 근심으로써 자기를 찔렀도다"(9, 10절).

부하려 하는 자들을 멸망에 빠지게 만드는 것은 무엇입니까?

9절은 '부하려 하는 자' 들이 당하는 고난과 멸망을 설명하고 있습니다. 부자가 되려고 하는 것은 사람들로 하여금 세 가지에 빠뜨립니다. 시험, 올무, 욕심입니다.

'시험, 올무, 어리석고 해로운 욕심.' 이 세 가지는 파멸과 멸망에 빠지게 합니다.

돈을 사랑함은 일만 악의 뿌리임을 기억하십시오.

10절은 돈을 사랑함이 일만 악의 뿌리라고 말합니다. 돈이 나쁘다는 말이 아닙니다. '돈을 사랑함' 이 우리를 악으로 인도한다는 말입니다. 모든 악의 근원에는 돈 사랑의 마음이 자리 잡고 있습니다. 10절 하반절을 보십시오. 결과가 무섭습니다.

"… 이것을 탐내는 자들은 미혹을 받아 믿음에서 떠나 많은 근심으로써 자기를 찔렀도다."

부자가 되고자 돈을 탐내는 자들은 미혹을 받게 되고, 결국 믿음에서 떠나게 된다고 경고합니다. 그 과정에서 수많은 돈 걱정이 찾아옵니다. 매상이 안 올라 걱정, 각종 고지서 낼 돈을 마련하는 걱정, 등등 수많은 근심 걱정이 자기를 찔러 버립니다. 자기만 찌르면 다행입니다. 옆에 있는 남편과 아내를 찌릅니다. 경제적인 압박이 찾아오면 부부간 불화가 잦아집니다. 자주 돈 때문에 다투고 싸우게 됩니다. 이해관계가 얽혀있는 사람과도 싸우게 됩니다.

지난 9월 1일 미시간에서 지은 지 3년밖에 안된 15만 불짜리 새 집에 불이 났습니다. 화재 원인을 조사한 결과 집주인이 불을 지른 것으로 밝혀졌습니다. 차압당하기 직전에 보험금을 타서 집 차압을 막기 위해 38세 된 집주인이 방화한 것이었습니다. 경찰에 붙들려 카운티 감옥에 갇혀 있는데, 최고 징역 20년형까지 받을 수 있는 범죄라고 합니다. 집을 차압당하는 것이 매우 가슴 아픈 일이지만 현실을 받아들이지 못했던 집에 대한 애착과 소유욕이 그 여인의 인생을 삼켜버리고 말았습니다.

주택 차압의 상황까지 간 것 역시 탐욕의 문제입니다. 무리하게 집을 구입하고, 부를 축적하기 위해 두 개, 세 개의 집을 사다가 생긴 결과입니다. 네바다 주가 차압율이 가장 높습니다. 8월 한 달 동안 160채 당 1채 꼴로 차압을 당했습니다. 네바다 주는 지난 몇 년간 집값 상승률이 가장 높은 지역이었고, 많은 사람들이 투기 목적으로 집을 구입하였던 곳입니다. 결국 욕심이 경제적인 손실과 파멸로 인도한 것입니다.

'의, 경건, 믿음, 사랑, 인내, 온유를 따르라

마지막 세 번째로 우리가 추구할 것은 '의, 경건, 믿음, 사랑, 인내, 온유를 따르는 것' 입니다. 11, 12절 말씀입니다.

"오직 너 하나님의 사람아 이것들을 피하고 의와 경건과 믿음과 사랑과 인내와 온유를 따르며 믿음의 선한 싸움을 싸우라 영생을 취하라 이를 위하여 네가 부르심을 받았고 많은 증인 앞에서 선한 증언을 하였도다."(11,12절)

우리는 돈을 추구하는 대신 영원한 것들을 추구해야 합니다. 우리의 영혼을 살찌우는 것들을 추구해야 합니다. 그것이 바로 의, 경건, 믿음, 사랑, 인애, 온유입니다.

자족하는 21세기 영성을 추구하십시오

사도 바울의 고백에 귀 기울일 필요가 있습니다.

"내가 궁핍하므로 말하는 것이 아니니라 어떠한 형편에든지 나는 자족하는 것을 배웠노니 나는 비천에 처할 줄도 알고 풍부에 처할 줄도 알아 모든 일 곧 배부름과 배고픔과 풍부와 궁핍에도 처할 줄 아는 일체의 비결을 배웠노라"(빌 4:11-12).

기독교는 가난을 추구하는 것이 아닙니다. '가난을 즐길 줄 아는 자족'을 추구합니다. 기독교는 부유함을 배척하지 않습니다. '부유함에도 교만하지 않고 탐욕에 빠지지 않는 자족'을 추구합니다. 21세기가 어떤 분에게는 풍요

> 기독교는 '가난을
> 즐길 줄 아는 자족'을
> 추구합니다

의 시대입니다. 주체하기 힘들 정도의 부가 주어질 수 있는 시대입니다. 반면에 21세기가 어떤 분에게는 경제적 압박의 시대입니다. 조금도 나아지지 않고 계속 돈이 부족하고 빚이 누적되는 삶을 살게 되는 시대입니다.

풍요하든지 가난하든지 우리에게 필요한 것은 자족하는 영성입니다. 환경에 흔들리지 않고, 돈에 이끌려 다니지 않고, 탐욕의 노예가 되지 않는 영성입니다. 자족하는 마음으로 현재의 환난과 위기를 이기고, 늘 평강과 기쁨이 충만한 천국이 마음속에 이루어진 삶을 사시기를 예수님의 이름으로 축복합니다.

21 이에 토지가 황폐하여 땅이 안식년을 누림 같이 안식하여 칠십 년을 지냈으니 여호와께서 예레미야의 입으로 하신 말씀이 이루어졌 더라
22 바사의 고레스 왕 원년에 여호와께서 예레미야의 입으로 하신 말 씀을 이루시려고 여호와께서 바사의 고레스 왕의 마음을 감동시키시 매 그가 온 나라에 공포도 하고 조서도 내려 이르되
23 바사 왕 고레스가 이같이 말하노니 하늘의 신 여호와께서 세상 만국을 내게 주셨고 나에게 명령하여 유다 예루살렘에 성전을 건축 하라 하셨나니 너희 중에 그의 백성된 자는 다 올라갈지어다 너희 하나님 여호와께서 함께 하시기를 원하노라 하였더라

역대하 36:21-23

Chapter 19

시대를 아는 힘

본문 : 역대하 36:21-23

역대기는 단순한 역사책이 아닙니다

우리 개신교가 경전으로 사용하는 구약성경과 유대교인들이 사용하는 구약성경이 똑같습니다. 다만 책의 순서가 다릅니다. 특별히 오늘 본문 역대상하의 순서가 다릅니다. 개신교 성경에는 중간에 나오지만, 유대교 성경에는 제일 끝에 나옵니다. 왜냐하면 우리는 문학 장르별로 편성되어 있는데, 유대교 성경은 연대기순으로 편성되어 있기 때문입니다. 역대상, 역대하는 원래 역대기라는 한 권의 책입니다. 이 역대기는 이스라엘의 역사를 기록한 책인데, 쓰인 시기는 포로기 때였습니다. 구약성경에서 가장 나중에 쓰인 책입니다.

이스라엘이 바벨론에 의해 멸망당하고 많은 사람들이 포로로 바벨론에 끌려갔습니다. 수십 년의 세월이 흘러가면서 그 땅에서 태어난 2세, 3세들은 유대인의 언어와 문화, 그리고 역사를 잃어버릴 수밖에 없었습니다. 바벨론에 동화되기 시작했습니다. 하나님이 특별히 택하여 백성으로 삼아주신 하나님의 선민이라는 의식이 약화되기 시작했습니다. 이 때 쓰인 것이 바로 역대기입니다. 이는 사무엘서와 열왕기서와 같이 이스라엘의 역사를 기록한 책이지만, 몇 가지 중요한 차이점이 있습니다. 역대기는 이스라엘이 하나님의 선택받은 언약의 백성임을 강조하기 위하여 아담으로부터 다윗에 이르기까지, 특별히 히브리 족장들과 야곱의 12지파에 초점을 맞추고 있습니다. 또한 역대기는 성전의 건축과 보존 등 성전의 중요성을 강조하고 있습니다. 한마디로 유대인의 뿌리교육, 역사교육, 그리고 하나님 신앙을 고취시키는 목적이 역대기에 담겨 있습니다.

역사를 주관하시는 하나님

본문은 역대기의 마지막 부분입니다. 그러니까 유대인 성경에서 제일 끝에 있는 구절입니다. 70년 만에 이스라엘 백성들이 포로귀환 하게 된 이야기가 기록되어 있습니다. 본문에서 우리는 역사를 주관하시는 하나님을 만날 수 있습니다.

먼저 하나님은 고레스 왕의 마음을 움직이셨습니다.

"바사의 고레스왕 원년에 여호와께서 예레미야의 입으로 하신 말씀을 이루시려고 여호와께서 바사의 고레스왕의 마음을 감동시키시매 그가 온 나라에 공포도 하고 조서도 내려 이르되"(22절).

고레스 왕은 그 후 조서를 내립니다.

"바사 왕 고레스가 이같이 말하노니 하늘의 신 여호와께서 세상 만국을 내게 주셨고 나에게 명령하여 유다 예루살렘에 성전을 건축하라 하셨나니 너희 중에 그의 백성된 자는 다 올라갈지어다 너희 하나님 여호와께서 함께 하시기를 원하노라 하였더라."(23절)

고레스 왕은 조서에서 두 가지를 명령하고 있습니다. 첫째는 유대인 포로들은 본국으로 귀환하라는 명령이며, 돌아가서 예루살렘 성전을 건축하라는 명령입니다. 이 명령에 따라 유대인들은 70년 만에 포로생활에서 풀려나게 되었고, 이스라엘로 돌아올 수 있었습니다.

이것은 예언이 성취된 사건입니다. 예레미야 선지자는 이스라엘의 멸망을 예언할 때, 바벨론 포로생활이 70년 만에 끝나게 될 것도 함께 예언하였습니다. 하나님께서 미리 당신의 종 예레미야에게 장차 일어날 일을 알려주신 것입니다. 한 나라가 멸망하거나 회복되는 일은 역사의 큰 사건입니다. 그런데 이런 큰 역사적 사건을 주관하시는 분이 바로 하나님이시라는 사실을 여기서 보여주고 있습니다.

어떻게 바사 왕 고레스가 포로귀환의 명령을 내릴 수 있었는가를 알게 되면, 우리는 더욱 하나님이 역사의 주관자라는 사실을 두려운 마음으로 받아들일 수밖에 없습니다. 고레스 왕은 안산왕국이라는 조그만 나라의 왕자로 태어나 그 왕위를 물려받았습니다. 그 때가 주전 559년이었습니다. 9년 뒤에 그는 메대 왕국과의 전쟁에서 승리하면서 큰 나라를 이룩하게 되었습니다. 이어서 그는 인접 국가들인 리디아, 아나톨리아를 차례로 정복하면서 더욱 영토를 확장시켰습니다. 그리고는 왕으로 즉위한지 20년이 되는 해, 즉 주전 539년 10월 바벨론 왕국을 무너뜨리고 페르시아제국을 세우게 됩니다. 성경에서 말하는 바사제국이 바로 페르시아제국입니다. 그 다음해 주전 538년에 그는 페르시아제국의 왕으로 공식적으로 즉위하게 됩니다. 즉위하는 해에 그가 내린 조서가 바로 오늘 본문에 나오는 그 조서 입니다.

유대인들이 바벨론의 포로로 끌려간 해가 주전 605년입니다. 여호야김 왕 3년 때의 일입니다. 세 차례에 걸쳐 포로로 끌려갔는데 이것이 첫 번째 포로입니다. 70년이 되는 해가 주전 536년인데, 이 때 스룹바벨과 많은 사 람들이 첫 번째로 고국으로 돌아가게 됩니다. 고레스 왕이 조서를 내린 해 는 538년인데, 약 2년 정도 준비기간을 거쳐 536년에 첫 번째 포로귀환을 하게 된 것 같습니다.

여기서 우리는 어떻게 고레스 왕이 포로귀환의 조서를 내리게 되었는가 하는 점이 궁금합니다. 23절을 보면 고레스 왕이 이렇게 고백합니다. "하 늘의 신 여호와께서 세상 만국을 내게 주셨고." 자신이 페르시아제국의 왕 이 된 것은 바로 하나님께서 세상 만국을 주셨기 때문이라고 말합니다. 에 스라 1장 3절에서는 "이스라엘의 하나님은 참 신이시다"라고 신앙고백까 지 하고 있습니다.

그가 어떻게 하나님을 믿게 되었을까요?
AD 1세기에 활동했던 유대인 역사가 요세푸스는 이사야서에 기록된 자 신에 관한 예언을 읽고 하나님을 믿게 되었다고 그의 책에 기록하고 있습 니다.
이사야 선지자는 고레스 왕보다 약 200년 전에 살았던 사람입니다. 그는 주전 767년에 태어나 681년경에 세상을 떠났고, 그가 선지자로 활동을 시작한 때는 그가 약 20세였던 주전 747년쯤 됩니다. 고레스 왕이 주전 538년에 바벨론왕국을 무너뜨리고 페르시아제국의 왕이 되었으니, 이사야서는 약 200년 정도 앞서서 기록된 것입니다.

고레스 왕이 전율할 수밖에 없었고 하나님 앞에 무릎 꿇게 된 구절은 이사야 44장 28절과 45장 1절 말씀입니다.

"고레스에 대하여는 이르기를 내 목자라 그가 나의 모든 기쁨을 성취하리라 하며 예루살렘에 대하여는 이르기를 중건되리라 하며 성전에 대하여는 네 기초가 놓여지리라 하는 자니라"(사 44:28).
"여호와께서 그의 기름부음을 받은 고레스에게 이같이 말씀하시되 내가 그의 오른손을 붙들고 그 앞에 열국을 항복하게 하며 내가 왕들의 허리를 풀어 그 앞에 문들을 열고 성문들이 닫히지 못하게 하리라"(사 45:1).

예를 들자면, 이런 예언과 비슷한 경우입니다. 홍길동이는 내 목자라 그가 나의 모든 기쁨을 성취할 것이다. 그는 대한민국의 대통령이 될 것이며 주변 국가 일본과 중국을 차례로 정복하여 큰 나라를 이루게 될 것이다.

그리고는 북한을 자유하게 할 것이다. 이런 예언이 이미 200년 전인 1800년대초에 성경책에 기록되어 있다고 상상해 보시기 바랍니다. 여러분 같으면 이 예언을 믿겠습니까, 안 믿겠습니까? 이 예언을 선지자들에게 주신 하나님을 믿겠습니까, 안 믿겠습니까?

70년만에 유대인들이 자유의 몸이 되고, 포로귀환하게 된 것은 자신들이 힘을 길러서 된 것이 아닙니다. 전혀 자신들의 힘으로는 불가

> 자신들의 힘으로는 불가능한 상황에서 전적으로 하나님께서 행하신 일입니다.

능한 상황에서 전적으로 하나님께서 행하신 일입니다. 하나님은 역사를 주관하시는 분입니다. 한 나라를 흥하게도 하시고 망하게도 하시는 분입니다.

한민족의 역사를 주관하시는 하나님

민족통일은 하나님의 때에 이루어진다.

하나님은 이스라엘의 역사를 주관하실 뿐 아니라, 우리 한민족의 역사도 주관하십니다. 이제 우리나라의 통일도 하나님께서 친히 이루어주실 것입니다. 지난 50년간 하나님은 특별히 우리 민족을 사랑하시고 큰 축복을 베풀어 주셨습니다. 우리 민족의 염원, 우리 성도들의 간절한 기도제목인 남북통일을 우리 하나님께서 곧 이루어주실 것입니다.

> 하나님의 뜻에 따라 통일시대에 쓰임 받는 성도들이 되어야 하겠습니다.

우리 민족은 1945년 해방과 동시 남과 북으로 분단되었습니다. 분단된 지 금년으로 만 70년이 됩니다. 만일 하나님께서 우리 민족을 유대인들처럼 70년 만에 민족의 회복을 이루어 주신다면 올해가 바로 통일의 해입니다.

물론 우리 민족의 통일이 분단 70년 만에 이루어질 것이라는 예언의 말씀이 성경에 기록되어 있지는 않습니다. 단지 우리의 간절한 소원이고 기도제목입니다. 좋으신 하나님께서, 우리 민족을 사랑하시는 하나님께서, 이스라엘처럼 70년 만에 회복시켜 주시지 않겠는가 하는 희망사항인 것입니다. 그래서 이렇게 기도하는 분들이 많습니다.

통일이 임박한 징조들

우리 민족의 통일이 머지않은 것 같습니다. 많은 전문가들이 북한붕괴가 얼마 남지 않았다는 예측과 전망을 쏟아놓고 있습니다. 실제적으로 북한은 나라경제가 완전 파탄이 난 상태이기 때문에, 몇 년 버틸 수 없습니다. 식량이 자급자족이 안 되는 상태에서 매년 흉년이 되고, 국민들을 먹여 살리기 위해서는 식량을 수입해야 하는데 사올 돈은 없고, 그래서 굶어죽는 사람들이 속출하는 것입니다. 지난 2014년 11월 황해도 해주에서 탈출한 탈북자가 시카고에 정착했습니다. 그 분은 바로 일 년 전에 탈북하여 최근 북한소식을 가장 잘 알고 있는 사람입니다. 고난의 대행군 때는 함경도와 양강도 지역에서 수백만 명의 아사자가 나왔지만, 최근에는 황해도와 평안도에서 아사자들이 속출하고 있다고 증언했습니다. 북한은 붕괴 직전에 있습니다.

하나님께서는 큰 역사적 사건들이 일어나기 전에 미리 당신의 종들에게 미리 알려주십니다. 남북통일과 북한구원을 위해 기도하는 분들 중에 통일이 몇 년 남지 않았다고 말하는 분들이 점점 늘어나고 있습니다.

김하중 장로님이 쓴 《하나님의 대사》 3권에 통일에 관한 내용이 나옵니다. 내용이 제가 생각하는 것, 기도할 때 하나님께서 제게 주신 확신과 일치해서 깜짝 놀랐습니다. 그 분은 북한과 통일문제의 최고 전문가입니다. 청와대 외교안보수석보좌관, 중국대사로 6년 반, 그리고 이명박 정부에서 초대 통일부장관을 지낸 분입니다. 또한 그 분은 기도를 많이 하고, 깊은 기도를 하면서 많은 응답을 받고 계신 분입니다.

내용 일부를 보시기 바랍니다.

"민족통일은 하나님의 때에 반드시 이루어집니다. 우리가 준비되어 있든지, 준비되어 있지 않든지 상관없이 하나님의 때에 하나님께서 친히 이루십니다. 따라서 우리는 곧 임박한 민족통일을 위해 구체적으로 준비해야 합니다. 준비된 통일은 민족적 축복이지만, 준비되지 않은 통일은 민족적 재앙이 될 수 있기 때문입니다. 우리가 통일해야 하는 목적은 북한의 복음화와 남과 북이 하나 되어 한민족이 제사장 나라로 세계선교를 위해 쓰임 받는 것입니다."

사랑하는 성도 여러분!

시대를 아는 것은 힘입니다. 우리 민족의 역사를 주관하시는 하나님께서 통일의 때를 정해 놓으셨습니다. 그 날이 머지않았습니다. 하나님을 경외했던 고레스가 하나님의 뜻에 따라 성전건축과 포로귀환의 조서를 내린 것처럼, 하나님의 뜻에 따라 민족통일을 준비하고, 통일시대에 멋지게 쓰임 받는 성도들이 되시기를 주님의 이름으로 축복합니다.

-영적 분별력을 위한 말씀 -

사랑하는 자들아 영을 다 믿지 말고 오직
영들이 하나님께 속하였나 분별하라 많은 거짓
선지자가 세상에 나왔음이라 (요한일서4:1)

3 모세가 하나님 앞에 올라가니 여호와께서 산에서 그를 불러 말씀
하시되 너는 이같이 야곱의 집에 말하고 이스라엘 자손들에게 말하
라
4 내가 애굽 사람에게 어떻게 행하였음과 내가 어떻게 독수리 날개
로 너희를 업어 내게로 인도하였음을 너희가 보았느니라
5 세계가 다 내게 속하였나니 너희가 내 말을 잘 듣고 내 언약을 지
키면 너희는 모든 민족 중에서 내 소유가 되겠고
6 너희가 내게 대하여 제사장 나라가 되며 거룩한 백성이 되리라 너
는 이 말을 이스라엘 자손에게 전할지니라

출애굽기 19:3-6

Chapter 20

통일의 새벽에 나는…

본문: 출애굽기 19:1-6

너희가 날씨는 분별하면서 시대는 분별하지 못하느냐

2012년은 대변혁의 해였습니다. 왜냐하면 우리 조국 대한민국을 비롯하여 한반도 주변 4대 강국(미국, 일본, 중국, 러시아)이 모두 정권교체를 하였기 때문입니다. 게다가 북한의 김정일까지 2011년 12월에 사망함에 따라 북한은 물론 한반도 주변 정세는 대변화가 불가피한 상황이 되었습니다.

일찍이 한국과 북한, 그리고 주변 4대 강국의 최고지도자가 동시에 교체된 적은 한 번도 없었습니다. 그야말로 역사적인 사건입니다. 우리 크리스천들은 '역사의 주관자는 하나님' 이라고 고백합니다. 역사는 하나님의 뜻대로 이루어져 가고 있습니다. 하나님은 한 나라를 세우기도 하시고, 멸하시기도 합니다. 한 지도자를 세우기도 하시고 폐하기도 하십니다. 그런데 2012년도에 하나님께서 우리나라를 중심으로 한반도 주변 강국들의 지도자를 한꺼번에 교체하신 뜻이 무엇인지 우리는 분별할 필요가 있습니다.

예수님은 "너희가 날씨는 분별할 줄 알면서 시대의 표적은 분별할 수 없느냐?"(마 16:3)라며 유대인들을 책망하신 적이 있습니다. 만일 우리도 시대의 표적을 분별하지 못한다면 주님으로부터 똑같은 책망을 받게 될 것입니다. 우리는 마땅히 시대의 표적을 분별해야 합니다.

역사적 대변화의 시기에, 북한의 김정일까지 갑자기 데려가신 하나님의 뜻이 무엇인지 함께 살펴보도록 하겠습니다.

사명을 주시는 하나님

개인에게 사명을 주시는 하나님

하나님은 하나님의 백성들에게 사명을 주십니다. 한 사람 한 사람이 자신의 사명을 이루는 삶을 살기를 원하십니다. 하나님의 사람들은 이 사명에 따라 산 사람들입니다. 대표적인 사람이 바로 다윗입니다. 사도행전 13장 36절은 이 사실을 잘 설명하고 있습니다.

"다윗은 당시에 하나님의 뜻을 따라 섬기다가 잠들어 그 조상들과 함께 묻혀 썩음을 당하였으되"

영어로는 "He had served God's will in his generation."인데, 직역하면 "그는 자기 세대의 하나님의 뜻을 섬겼다."라고 할 수 있습니다. 다윗은 자기 시대에 주신 하나님의 뜻을 깨닫고 그 시대적 사명을 잘 감당하였습니다.

민족에게 사명을 주시는 하나님

하나님은 개인에게 사명을 주시지만, 한 민족 전체에게 사명을 주십니다. 민족적 사명이라고 할 수 있습니다. 하나님은 공동체를 중요하게 여기시고, 공동체 단위로 역사하시곤 합니다. 하나님은 성도 한 사람을 사랑하시지만, 교회라는 공동체를 크게 사랑하시고 축복하십니다. 더 나아가 민족 단위로 부르시고 축복하십니다. "너희는 가서 모든 족속을 제자로 삼아…"라는 지상명령 속에 그 뜻이 분명히 담겨 있습니다.

본문을 보면 하나님께서 이스라엘 민족에게 사명을 주시는 장면이 나옵니다. 출애굽 하여 3개월이 지났을 때, 이스라엘 백성들이 시내광야에 도착하였습니다. 여기에서 하나님은 모세에게 너희들을 '제사장 나라'로 삼으시겠다는 말씀을 하십니다.

"세계가 다 내게 속하였나니 너희가 내 말을 잘 듣고 내 언약을 지키면 너희는 모든 민족 중에서 내 소유가 되겠고 너희가 내게 대하여 제사장 나라가 되며 거룩한 백성이 되리라 너는 이 말을 이스라엘 자손에게 전할지니라"(출 19:5-6).

개인은 민족적 사명과 역사에 종속된 삶을 살 수 밖에 없습니다. 예를 들어, 이스라엘 백성들이 이집트 노예시대에는 모든 사람이 노예로 살아야 했습니다. 아무리 개인적으로 능력이 뛰어나고 똑똑해도 아무 소용이 없었습니다. 40년 광야 시대에는 모두 광야생활을 해야 했습니다. 가나안 정복 전 시대에는 모든 사람이 가나안 족속과 전쟁을 하면서 그 땅을 정복하는 사명을 감당해야 했습니다. 우리나라도 마찬가지입니다. 일제강점기 시대에는 모든 사람이 나라 없는 설움을 맛보며 희망이 없는 삶을 살아야 했습니다.

> 개인은 민족적 사명과
> 역사에 종속된
> 삶을 살 수 밖에 없습니다.

하나님께서 이스라엘 백성을 택하셔서 그들에게 '제사장 나라'의 민족적 사명을 주셨지만, 그들은 선민의식에 사로잡혀 그 사명을 제대로 감당하지 못했습니다. 그래서 하나님께서는 '제사장 나라'의 사명을 다른 민족에게 주셨습니다. 하나님은 시대마다 제사장 나라를 세우셔서 구원의 역사를 이루어 가셨습니다. 종교개혁 이후 교회사를 보면, 하나님께서 독일, 영국, 미국을 차례로 세계선교를 위해 중심 국가로 사용하셨습니다. 지난 100년 이상 미국이 제사장 나라의 사명을 잘 감당해 왔습니다.

한민족에게 사명을 주시는 하나님

민족통일의 시대적 사명

하나님은 한민족을 특별히 사랑하십니다. 한민족은 사천여년의 역사 속에 약 천 번의 전쟁을 치루는 고난을 당했습니다. 그러나 그 모든 고난을 견디어 냈습니다. 하나님께서 함께 하시고 도와주셨기 때문입니다. 하나님은 고난을 통해 연단하십니다. 우리 민족을 크게 사용하시기 위해 그 많은 고난을 겪게 하셨다고 저는 믿습니다. 바로 하나님은 우리 민족에게 '제사장 나라'의 사명을 주시기 위해 용광로 같은 고난을 통과하게 하셨습니다. 해방 이후 60여년의 분단시대 역시 그 고난의 일부요 마지막 고난인 것입니다.

이제 우리 앞에 민족통일이라는 시대적 사명이 놓여 있습니다. 민족통일이 이루어진 후에 하나님은 우리 민족을 '제사장 나라'로 사용하실 것입니다. 세계 선교의 완성을 위해 우리 민족을 귀하게 사용하실 것입니다. 따라서 우리는 민족통일이라는 시대적 사명을 잘 감당해야 합니다. 통일은 반드시 이

> 우리 앞에
> 민족통일이라는
> 시대적 사명이
> 놓여 있습니다.

루어져야 하고 반드시 이루어질 것입니다.

통일의 당위성

첫째, 통일은 하나님의 뜻이기 때문입니다.

하나님은 가정이 하나 되고, 교회가 하나 되고, 민족이 하나 되는 것을 기뻐하십니다. "하나 되게 하신 것을 힘써 지키라"고 명령하셨습니다. 우리 민족의 통일이 무엇입니까? 남과 북으로 나누어진 것을 하나로 합치는 것입니다. 즉 남과 북이 하나로 통일되는 것입니다. 우리는 원래 하나였습니다. 사탄이 강대국들을 이용해 우리 민족을 둘로 갈라놓은 것입니다. 이제 하나님께서 때가 되어 하나로 만들어 주실 것입니다.

둘째, 통일된 한국은 제사장 나라의 사명을 감당할 수 있기 때문입니다.

역사를 보면 하나님께서는 특정 민족을 제사장 나라로 사용하시기 전에 먼저 그 민족을 강대국으로 만들어 주십니다. 제사장 나라가 세계선교를 감당하려면 많은 인적 물적 자원이 필요하기 때문입니다. 조그만 섬나라 영국을 대영제국으로 만드신 후에 19세기에 세계선교를 주도하게 하셨고, 신생국가 미국을 초강대국으로 만드신 후에 20세기에 세계선교를 이끌어 가게 하셨습니다.

한국은 통일이 되면 인구 8천만 명의 대국이 됩니다. 남한의 5천만 명, 북한의 2천3백만 명, 그리고 해외 디아스포라 한인 7백만을 합하면 8천만 명의 인구대국이 됩니다. 이는 독일과 비슷한 인구로서 세계 15위 정도에 해당합니다.

통일이 되면 인구대국보다 더 중요한 경제대국이 됩니다. 현재 대한민국이 10위권의 경제대국인데, 통일이 되면 세계 7위권으로 상승하게 됩니다.

통일 이후 남한의 자본과 기술, 그리고 북한의 노동력과 지하자원이 합쳐지면 시너지 효과가 발휘되면서 세계 4강의 선진국으로 진입할 것으로 전문가들은 예상하고 있습니다.

한 통계에 의하면 북한의 지하자원을 돈으로 환산하면 약 3천조 원이나 된다고 합니다. 또한 통일이 되면 남한과 북한의 군사비가 크게 줄어들기 때문에, 그 돈을 경제발전에 사용할 수 있게 됩니다.

통일 여건 성숙

현재 여러 가지 면에서 통일 여건이 성숙되어 있습니다. 이제 수년 내에 통일이 이루어질 것 같습니다. 성숙된 통일 여건을 몇 가지만 말씀드리겠습니다.

첫째, 우리나라의 국력입니다.

과거 남북이 분단되었을 때에는 한국은 나라로 존재하지 못했습니다. 일본의 식민지에 불과했습니다. 주권이 없었고 국력도 미미했습니다. 그래서 강대국들이 자기 마음대로 지도에 38선을 긋고 남북으로 분단시켰던 것입니다. 그러나 지금은 상황이 전혀 다릅니다. 우리는 엄연히 독립 국가이며 세계 10위권의 경제 강국입니다. 아무도 우리를 무시하지 못합니다. 우리에게는 힘이 있으며, 수많은 우방국들이 주위에 있습니다.

둘째, 한반도 주변 강대국의 우호적인 분위기입니다.

통일에 가장 중요한 변수는 주변 4대 강국입니다. 그런데 현재 4대 강국과 그 어느 때보다 좋은 관계를 유지하고 있습니다. 특히 중국과 관계가 좋습니다. 1990년도에 수교한 이래 중국지도자들 가운데 친한파들이 많이 생겼습니다. 러시아와도 정식 수교를 한 이후 우호적인 관계를 지속하고 있습니다.

셋째, UN 사무총장이 한국 사람입니다.

남한과 북한은 UN에 독립국가로 동시 가입하였습니다. 두 나라 간의 통일문제는 UN의 소관입니다. 북한에 급변사태가 발생해도, 두 나라가 합의하여 통일하려고 해도, 이 문제는 UN에서 다루게 되어 있습니다. 그런데 현재 우리나라의 반기문 총장이 UN 사무총장으로 일하고 있습니다. 사람을 세우기도 하시고 폐하기도 하시는 하나님께서 바로 이 때에 세계대통령이라고 불리는 UN 사무총장을 한국 사람으로 세우신 뜻이 바로 여기에 있다고 봅니다.

넷째, 700만 한인 디아스포라의 영향력입니다.

전 세계에 약 700만 명이 디아스포라로 흩어져 살고 있습니다. 각 나라에서 뿌리를 내리고 영향력을 발휘하고 있습니다. 미국에만 약 250만 명 이상이 살고 있는데, 각계각층에서 지도력을 가지고 있습니다. 연방 고위 공무원도 다수 있으며, 정책 결정하는 자리에도 많은 사람들이 들어가 있습니다. 교수는 오피니언 리더들인데, 한인 교수의 숫자가 약 3천 명이나 된다고 합니다. 결코 세계가 함부로 할 수 없는 영향력을 한인 디아스포라들이 갖고 있는데, 통일에 큰 보탬이 되고 있습니다.

마지막으로, 북한 내 한류의 열풍입니다.

통일의 걸림돌 중 하나가 남북한의 이질감입니다. 60여년의 분단세월 동안 남과 북의 문화가 많이 달라졌습니다. 정치체제와 경제체제가 완전히 다르기 때문에 가치관도 많이 차이가 나게 되었습니다. 그런데 이 간격을 한류의 열풍이 좁혀 주고 있습니다. 탈북자들을 대상으로 설문조사한 결과, 북한에서 거의 대부분의 사람들이 남한의 드라마와 영화를 보았다고 응답했습니다. 34%는 매일 시청했다고 답했습니다. CD 한 장이 보름치 식량 값에 해당할 정도로 비싼데도 이렇게 많은 북한주민들이 자발적으로 CD를 보며 남한문화 공부를 하고 있습니다. 이제는 남한이 북한보다 훨씬 잘 산다는 사실을 다 알고 있습니다. 속히 통일되기를 원하고 있습니다.

많은 탈북자가 한국에 들어와 살고 있는 것 또한 통일이 임박했다는 증거입니다. 2014년 말 현재 남한에 들어온 탈북자가 27,000명을 넘어 섰습니다. 1, 2년 안에 3만 명을 돌파할 것으로 예상됩니다. 북한 인구를 약 2,300만 명으로 볼 때, 1/1,000이 넘습니다. 북한사람 1,000명당 1명 이상이 남한에 들어와 살고 있는 것입니다. 이웃집에 함께 살면서, 한 직장에서, 한 학교에서, 한 교회에서 함께 지내면서 통일연습을 하고 있습니다. 또한, 이들을 통해 남한소식이 북한에 들어가고 있습니다. 북한이 열리고 있고 변화하고 있습니다. 더 이상 눈과 귀를 막을 수 없습니다. 대부분의 탈북자들은 북한에 남아있는 가족들에게 생활비를 송금하고 있습니다. 한 사람이 평균 20명의 북한 동포들을 먹여 살린다는 통계를 본 적이 있습니다. 더 많은 탈북자가 남한에 정착하면 더 많은 북한 동포들이 통일의 날까지 생존할 수 있습니다. 탈북자들은 하나님께서 통일준비를 위해 우리에게 보내주신 소중한 사람들입니다. 이 분들이 북한복음화와 북한재건을 위한 일꾼으로 잘 준비될 수 있도록 도와주어야 합니다.

세계선교의 시대적 사명

하나님께서 우리 민족에게 주신 또 하나의 사명은 세계선교입니다.

우리나라는 기독교 역사 100년 만에 선교대상국가에서 선교국가가 되었습니다. 우리나라가 유일합니다. 2014년 현재 약 2만 5천 명 이상의 선교사가 해외에 나가 있습니다. 인구 당 파송숫자로 세계 1위입니다.

한국은 훌륭한 선교사님들로부터 선교를 잘 배운 나라입니다. 100여 년 전 우리나라에 오셨던 미국과 영국의 선교사님들은 지성과 영성을 겸비한 탁월한 엘리트 선교사들이었습니다.

또한 어느 민족에게나 거부감이 없이 잘 받아들여지는 민족입니다. 지금 백인 선교사들을 배척하는 지역이 많습니다. 그러나 한인 선교사들은 어디서나 환영을 받고 있습니다. 무엇보다 우리나라가 식민지를 경험했고, 가난한 나라였기 때문에, 비슷한 경험을 갖고 있는 선교지마다 한국 사람을 좋아합니다.

한류의 영향으로 전 세계가 한국에 대해 호의적인 것 역시 한국이 세계선교를 더 많이 감당하는 민족이 되게 하고 있습니다. 북한주민들은 이슬람권 선교를 위해 하나님께서 준비해 놓으신 사람들입니다. 목숨을 내놓고 선교해야 하는 이슬람 지역에 담대하게 들어갈 수 있기 때문입니다.

시대적 사명, 통일을 준비하라

동독과 서독은 1990년 10월 3일에 통일했습니다.

1989년 베를린 장벽이 무너지기 약 한 달 전, 당시 서독의 총리였던 헬무트 콜 총리가 한 국제회의에서 우리나라 외무부장관과 만났을 때, 이런 말을 했다고 합니다. "제 생각에는 한국이 독일보다 먼저 통일될 것 같습니다."

독일의 통일은 갑자기 이루어진 통일이었습니다. 우리의 통일도 마찬가지입니다.

통일은 어느 날 갑자기 찾아옵니다.

도둑같이 찾아올 것입니다. 갑자기 찾아온 통일로 인해 독일은 많은 혼란과 어려움을 겪었습니다. 우리도 준비되지 않은 상태에서 통일을 맞이하게 되면 대혼란이 일어날 것입니다. 통일이 대박이 아니라 대재앙이 될 수도 있습니다.

지금은 통일의 새벽입니다.

통일의 아침이 점점 밝아오고 있습니다.

시간이 별로 남아있지 않습니다.

이제는 통일을 구체적으로 준비해야 합니다.

통일이 수년 내에 이루어질 것이라는 생각을 갖고, 그렇다면 내가 무엇을 할 것인가를 진지하게 고민해야 합니다.

> 통일이 되었을 때,
> 하나님이 나에게
> 무슨 사명을 주실
> 것인지 기도하며
> 발견해야 합니다.

통일이 되었을 때, 하나님이 나에게 무슨 사명을 주실 것인지 기도하며 발견해야 합니다. 그리고 그 사명을 감당할 수 있도록 실력을 기르고 준비해야 합니다.

통일을 위해 준비된 목회자와 성도들이 되시기를 바랍니다.

예수께서 대답하여 이르시되 너희가 저녁에
하늘이 붉으면 날이 좋겠다 하고
아침에 하늘이 붉고 흐리면 오늘은 날이 궂겠다
하나니 너희가 날씨는 분별할 줄 알면서 시대의
표적은 분별할 수 없느냐 (마태복음16:2-3)